Asado verbal
Junge argentinische Literatur

ASADO VERBAL

Junge argentinische Literatur

Herausgegeben von
Timo Berger und Rike Bolte

Verlag Klaus Wagenbach   Berlin

Dieses Werk wurde im Rahmen des *SUR*-Programms zur Förderung von Übersetzungen des Außenministeriums der Republik Argentinien verlegt.

Wagenbachs Taschenbuch 634
Originalausgabe

© 2010 Verlag Klaus Wagenbach, Emser Straße 40/41, 10719 Berlin
Wir bedanken uns bei den Autoren und den Verlagen für die freundliche Genehmigung zum Abdruck (siehe Autoren- und Quellenverzeichnis S. 140)
Umschlaggestaltung Julie August. Gesetzt aus der Caslon und der DIN. Das Karnickel auf Seite 1 zeichnete Horst Rudolph.
Gedruckt und gebunden bei Pustet, Regensburg.

ISBN 978 3 8031 2634 4

Inhaltsverzeichnis

Vorwort

Zweifellos ist eine Anthologie eine barbarische Angelegenheit. Das vorliegende Exempel will deswegen schmackhaft gemacht werden und nebenher die Geschichte seines Titels erklären. Das *asado*, auch unter dem Begriff *parrillada* bekannt, ist eine in Argentinien beheimatete Grillmahlzeit und nicht nur in der Pampa dem Leben das, was das Salz der Suppe. »Vorvegetarische Angelegenheit!«, rufen die einen. »Sonntägliche Tafelrunde, die alle vereint!«, die anderen, die neben Gauchos und Gauchas lieber optimistisch in die Welt blicken. »Es ist bewölkt und sieht nach Regen aus«, steht in einem dieser Grillkunst gewidmeten Tagebuch im Internet geschrieben, »und dennoch beschließen alle Beteiligten, das Fleisch auf den Grill zu hauen.«

Damit die Zeremonie zündet, braucht es Holz. Da Argentinien weitläufig ist, finden sich zu diesem Anlass überall »streichholzdünne, breite und pferdefußlange Holzscheite sowie solche, die so kurz sind wie der Hals eines Sumokämpfers ...« »Hauptsache, es funkt!«, schreit jemand und wirft das erste Stück auf die *parrilla*. »Und glüht mit Ausdauer!«, ruft ein anderer und legt sein Stück dazu.

Schon ist das *Asado verbal* bereitet. Eine literarische Festmahlzeit, die darum weiß, dass immer einige Kostbarkeiten unter den Tisch fallen müssen (weil dieser sich sonst böge), und somit auf eine ebenso mit der Grillkultur zusammenhängende argentinische Redeweise verweist: Denn *poner* oder *estar en la parrilla* meint nicht nur die Kunst des richtigen Ablegens von Fleisch auf dem Grillrost, sondern steht auch dafür, etwas eine Weile reifen zu lassen. So ist diese Anthologie eine mit Leidenschaft und Optimismus erstellte Auswahl aktueller Pikanterien aus Argentinien – auf die (vielleicht) später noch andere folgen werden.

Zu Tisch bitten hier nun fünfzehn junge Autorinnen und Autoren. Von Washington Cucurto erfahren wir Genaueres über argentinische Supermärkte, Cecilia Pavón beschreibt ein futuristisches Buenos Aires, das nicht mehr länger an emotionalem Besitztum interessiert ist. Julia Coria lässt auf einem Geburtstagsfest Maskierte defilieren, bei denen nicht ganz klar ist, ob es ihnen um die Entführung von Familienschmuck oder um die große Liebe geht. Ariel Magnus porträtiert einen in der argentinischen Metropole feuerlegenden Chinesen, Pedro Mairal ein aus dem Autofenster besehenes und damit gewissermaßen vorüberrasendes Umland. Juan Incardona feilt an einer Parabel auf die nationale Wirtschafts- und Währungskrise, die Argentinien 2001/22001erlitt. In *Asado verbal* lässt sich somit auch die jüngste Geschichte des facettenreichen südamerikanischen Landes nachlesen, das einmal zu den reichsten der Welt gehörte: Félix Bruzzone zitiert die Gespenster – oder ›Verschwundenen‹ – der Diktatur, während Fabián Casas einem ehemaligen Guerrillero noch einmal einen Auftritt verschafft. (Ob es dabei noch um Revolution geht, wird an dieser Stelle nicht verraten.) Die Grenzen des Vorstellbaren, die die politische Geschichte Argentiniens strapaziert hat, werden von Mariana Enríquez, Carlos Blasco und Lucía Puenzo neu ausgelotet: Enríquez' Schauerstück sorgt mit einer subtropischen Widergängerin für Unruhe, bei Blasco treffen zwei patagonische Kriminelle zu einem bizarren Wildwest-Duell aufeinander, und Lucía Puenzo nimmt die Dekadenz der Oberschicht aufs Korn und dabei kein Blatt vor den Mund. Wenn in Edgardo González Amers Bahngleis-Blues schließlich kräftig in eine Suppe gerotzt wird, während Evita Perón eben erst gestorben ist, wird ein nationaler Mythos demontiert. Doch auch Eros ist in *Asado verbal* eine variable Größe: Während bei Romina Paula eine Heranwachsende in einer Mittagsstunden-Phantasie ihre Freundin nixenhaft bezirzt, inszeniert Oliverio Coelho eine flüchtige Dreier-Konstellation, in der eine Art Sphinx den Schlussstrich zieht. Wer nun dieses Buch zu goutieren beginnt und – hoffentlich – spätestens beim Hauptgang Feuer gefangen hat, darf sich als Nachtisch auf Andi Nachons lyrische Tango-Miniatur freuen. Dieser letzte, staccatohafte Anthologietext macht eines deutlich: Für den literarischen Export lässt sich das beste Stück Fleisch – selbst wenn es der Tango ist – nur schweren Herzens hergeben.

Rike Bolte und Timo Berger

Mariana Enríquez
Correntiner Schauerstück

Eigentlich müsste Papa hier stehen, nicht ich, ständig schone ich ihn, dachte Gustavo, während er auf sein Gepäck wartete, das auf dem besonders behäbigen Flughafen-Rollband von Corrientes-Stadt wie immer eine Ewigkeit brauchte. Wieso hatte er das Gepäck überhaupt aufgegeben, wo es sich nur um einen mittelgroßen Koffer handelte, der perfekt in die Kabine passte? Wo doch sein Gepäck ohne Zweifel jedes Mal zuletzt auftauchte? Stets blieb er allein am Band zurück, kalten Schweiß im Nacken, und malte sich das Schlimmste aus, nämlich dass das Gepäck verloren gegangen sein könnte. Und doch war er womöglich froh über diese Verzögerungen, denn sie erlaubten ihm, sich in Ruhe auf seine Correntiner Familie einzustellen. Es war noch nicht lange her, dass er sie zuletzt gesehen hatte, vielleicht zwei Jahre. Der Besuch damals war aber ein Ferienaufenthalt gewesen, er hatte sich auf sie alle gefreut und Spaß mit ihnen haben wollen.

Diesmal war alles anders. Außerdem war es nicht wirklich angemessen, sich über seinen Vater aufzuregen, das wusste er genau. Der Arme hätte ihn ohne Weiteres aus der Verantwortung entlassen. Aber er war nun einmal wegen der Arbeit in den Vereinigten Staaten, wie jedes Jahr für jeweils fünf Monate. Er konnte sich nur im allergrößten Notfall beurlauben lassen. Und das hier war noch lange kein Notfall. Es war reiner Wahnsinn, aber kein Notfall.

Er hatte den Anruf von Tante Lidia um acht Uhr früh erhalten, was eine völlig normale Zeit war für sie, die im Morgengrauen aufstand, eine absolut undenkbare und sogar unangenehme Stunde jedoch für Gustavo, der nachts arbeitete und zur Zeit des Anrufs gerade eingeschlafen war.

Tante Lidia wusste, dass ihr Neffe nachts arbeitete. Aber Tante Lidia war eine rücksichtslose und egoistische Frau, und gerade deswegen hatte der Rest der Familie ihr die unangenehme Aufgabe übertragen, diesen Anruf zu erledigen und die reißerische, ja völlig irrsinnige Nachricht zu übermitteln, die Gustavo nun anhören musste und bei deren Unterbreitung er das Gefühl hatte, dass die Stimme seiner Provinz-Verwandten aus einem Alptraum zu ihm sprach.

Hallo, Gustavo, mein Lieber,
hier spricht deine Tante. Uns geht es gut. Die Mechi führt weiter Selbstgespräche, ist aber auf dem Damm. Das Unterrichten hat sie sein lassen, weil sie den Eindruck hatte, alle Kinder würden sich in Gespenster verwandeln. Die Gesichter der Kinder, genau. Gespenstergesichter, ja, so was wie Erscheinungen, richtig furchterregend. Schlecht geht es ihr allerdings nicht, der Arzt hat ihr Trapax verschrieben, außerdem geht sie zum Knochenheiler, es geht ihr gut. Aber ich rufe aus anderen Gründen an. Ich rufe an, weil wir dein Muttilein in eine Urne umsetzen müssen, und das ist gar nicht so einfach, es müssen nämlich direkte Verwandte dabei sein. Ja, ich weiß wohl, wir sind die Geschwister und das ist direkte Verwandtschaft, aber wir können hier einfach keine Entscheidung allein treffen. Ja, der Punkt ist, dass die Grabnische auf dem Friedhof San Luis abgelaufen ist, heute wird man nämlich nach dreißig Jahren umgebettet. Wie die Zeit vergeht, nicht wahr, wie die Zeit vergeht, unglaublich. Du musst also herkommen und sie dir ansehen, verdammt, schade, dass dein Vater gerade nicht da ist. Nein, Gustavito, das kann ich dir wirklich versichern, wir können dein Muttilein nicht einfach allein umbetten. Weil nämlich etwas vorgefallen ist, das ich dir so am Telefon nicht erzählen kann. Nein, unmöglich, du musst selbst kommen. Stell dich nicht an. Gustavito, komm einfach vorbei und hör auf zu nerven. Es ist ernst, ja. Und nebenbei kommst du uns auch noch besuchen, Himmel, Arsch und Zwirn, was für ein liebloser Neffe. Nein, Schluss

jetzt, das Ganze muss von Angesicht zu Angesicht besprochen werden, wenn du erstmal im Bilde bist, wirst du mir noch dankbar sein. Du wirst es dann auch deinem armen Vater erzählen müssen, dem können wir etwas Derartiges nämlich noch viel weniger am Telefon zumuten, er ist doch im Ausland.

Als Lidia sagte »aber wir können einfach keine Entscheidung allein treffen«, stellte sich Gustavo vor, wie sie alle um das Telefontischchen herumsaßen, so nah an der Klimaanlage wie möglich (Lidias Haus war ein Kühlschrank, die Kälte, die darin herrschte, war selbst für Corrientes eine schiere Übertreibung, aber die Familie mochte das so), und wie alle den Atem anhielten, eingeweiht und feige zugleich, allein deswegen, weil sie Lidia auserkoren hatten, also die, die am wenigsten Skrupel von allen hatte, diesen Anruf zu erledigen. Er sah Walter vor sich, der immer einen Hammer mit sich herumschleppte oder irgendwelche Nägel im Mund stecken hatte, ohne Unterlass am Reparieren der Möbel im Haus, es war beinahe das Einzige, was er tat, seit er Witwer geworden war. Er sah Julio vor sich, diesen eingebildeten Chauffeur, der Polizeibosse herumkutschiert hatte, die in Corrientes und im Chaco der Folterei nachgingen; ein jovialer, bezaubernder Typ, es sei denn, er begann, seine ehemaligen Arbeitgeber in Schutz zu nehmen. Und dann war da noch die Mechi mit ihren Selbstgesprächen, die sich mit Sicherheit weiterhin ihr Bierchen vor dem Schlafengehen genehmigte, Trapax hin oder her. Das waren die vier Geschwister seiner toten Mutter, also die Geschwister von Margarita, und sie lebten alle auf einem riesigen Grundstück, das fast so groß war wie ein ganzer Häuserblock, und über mehrere Jahrzehnte hatte jeder sein eigenes Haus darauf gebaut. Sie lebten dort alle mit ihren Familien, außer Lidia, die allein sein wollte. Sie zog es vor, mit niemandem zusammenzuleben, nicht einmal mit ihren eigenen Kindern, und hatte sie alle vor die Tür gesetzt, als sie gerade die Schule abgeschlossen hatten, wobei sie das in Corrientes eigentlich zur absoluten Rabenmutter machte. Gustavo erinnerte sich, dass das Grundstück mit seinen vier Häusern fast ein Dorf war, nur dass die Bewohner alle miteinander verwandt waren. Kinder und Hunde. Papageien und Salamander, Vogelspinnen und Schwarze Witwen, Wein und Weinraute, und mittendrin die Gebete der Mechi, wenn sie die Hingabe an die Heilige Jungfrau von Itatí packte. Karten- und Würfelspiele, dazu vor allem Lotto, jeden Tag bis spät in die Nacht hinein, zumindest bis zu jener Stunde, in der man eine Erfrischung zu sich nahm, das war etwa um drei Uhr morgens, dann gab es kalten Mate oder einen Magenbitter. *Chamamé* hören, ebenso bis spät, und manchmal die Matratze auf die Terrasse schleppen, weil dort oben in der frischen Luft das Schlafen leichter fiel. Als Gustavo klein war, ging er liebend gern auf die Terrasse, und es gab nichts Großartigeres, als dass ihn dort der Schlaf überkam. Er sah dabei zu den Sternen hoch, die in Corrientes einfach am schönsten waren, verstreut über samtblauem Himmel.

Sein Vater hatte gut daran getan, den Kontakt zu alldem zu halten und war außerdem wirklich mutig gewesen. Ein Mann mit weniger Charakter hätte sich schlicht der Erziehung seines Sohnes gewidmet und aber den Ort hinter sich gelassen, an dem seine Frau gestorben war. Er war sehr verliebt gewesen, das wusste Gustavo, und die Verbindung aufrechtzuerhalten musste zutiefst schmerzhaft gewesen sein. Vom ersten Augenblick an jedoch war sein Vater davon überzeugt gewesen, dass es das Beste sei.

Gustavo war gerade ein Jahr alt, als seine Mutter im Paraná ertrank. Er hatte keinerlei Erinnerung an sie, da war kein einziges Bild in seinem Gedächtnis, nichts, nicht einmal ein vager Endruck, der als Erinnerung hätte durchgehen können, auf irgendeine Weise aber meinte er, sie zu kennen, konnte sie als beinahe greifbare Figur ausmachen, und dies eben dank der Entscheidung seines Vaters, sie nicht aus ihrer beider Leben zu löschen. Die Correntiner Verwandtschaft, diese eigenartige, liebevolle Familie, hatte ihn sehr dabei unterstützt: so fuhren die beiden mindestens jedes zweite Jahr hin; man telefonierte miteinander, schrieb sich sogar Briefe. Sein Vater schien, wenn auch auf traurige Weise, zufrieden, ihm beim Spielen in der Totora-Lagune zusehen zu können, Zeuge davon zu sein, wie er Fische totschlug oder die Panzerkäfer zertrat, die im Hochsommer den Fußgängerübergang Junín wie ein lärmender Teppich bedeckten. Ja, als Kind hatte Gustavo wundervolle Augenblicke in Corrientes erlebt. Natürlich hatte er damals, in jenen glücklichen Jahren, nicht genau gewusst, auf welche Weise seine Mutter umgekommen war – im Fluss ertrunken, hatte man ihm gesagt, aber wie es so weit gekommen war, was das wirklich Wichtige daran war, das verriet man ihm nicht – und seine Verwandten kamen ihm irgendwie halb irr vor, waren eben Banausen, wie man in Buenos Aires gerne sagte.

Jetzt, wo Gustavo über dreißig war, war alles anders. Oder aber er hatte sich verändert, ja vielleicht hatte er sich in einen Angsthasen verwandelt, in einen Spießer oder in ein richtiges Ekel.

Endlich entdeckte er, ganz hinten vor einer Wand, die Konturen seines Koffers auf dem (gemächlich vor sich hin ruckelnden) Band. Er trat näher und griff danach. Dann atmete er tief durch. Es stand an, Tante Lidia unter die Augen zu treten, die sich draußen in ihrem beigefarbenen Renault 12 vor der drückenden Hitze des Correntiner Mittags verschanzt hatte.

Tante Lidia sprach während der Fahrt vom Flughafen bis nach Hause kaum ein Wort und rauchte eine lange *Le Man* nach der anderen. Gustavo beschloss, keine Fragen zu stellen, bevor sie nicht angekommen waren: Er kannte die familiären Gepflogenheiten auswendig und wusste, dass man die Entscheidung getroffen hatte, ihm die Neuigkeit gemeinsam mitzuteilen.

Tatsache; die anderen drei Geschwister, also seine Onkel, hatten sich erwartungsvoll auf dem Gehsteig gegenüber des Gatters der Gemeinschaftsgarage zusammengefunden (alle stellten ihre Autos dort unter: Es handelte sich um so etwas wie eine überdachte Parkanlage, die eher nach Grillplatz aussah, derart viele Autos von derart vielen Familienmitgliedern parkten dort). Sie umarmten ihn der Reihe nach, selbst Julio, mit dem er sich bei seinem letzten Besuch einen heftigen Streit geliefert hatte. Sie hatten sich angeschrien, und Gustavo hatte beschlossen, kein Wort mehr an seinen Onkel zu richten, weil dieser die Scheißfaschisten in Schutz nahm. Nun wurde Gustavo zu Lidia ins Haus gebeten, wahrscheinlich deswegen, weil sie nun einmal die Anführerin dieses großartigen Informationsunternehmens war. Gustavo ließ sich an den mit einem Wachstuch bedeckten Tisch in der geräumigen Küche nieder. Dann setzte er seine vier Onkel davon in Kenntnis, dass er das alles satt habe. Es sei ihm völlig unklar, wieso er eine solche Reise habe antreten müssen und wieso man ihn derartig hinhalte. Was zum Teufel geht hier vor, entweder ihr rückt jetzt raus mit der Sprache, oder ich zieh Leine und schwöre, ihr seht mich nie wieder.

»Seht, seht, wie er sich aufregt, der Bock, da haben wir unseren Hauptstädter, was?« »Mechi, bring dem Jungen was Erfrischendes zu trinken, aber spül die Gläser einmal durch, sie sind völlig verdreckt«, bat Lidia und hielt Gustavo eine Zigarette hin. »Ich werde dir jetzt alles erzählen, Kleiner. Es ist nämlich so, dass ich einen Anruf vom Friedhof erhalten habe und man mir unterbreitet hat, deine Mama müsse aus ihrer Grabnische raus und in eine Urne.«

»Das sagtest du bereits.«

»Auch noch ungeduldig, der Kleine. Unterbrich deine Tante nicht mehr, die hat hier nämlich schon genug Sorgen. Mechi, mir platzt gleich der Kopf, sei so gut und bitte Hugo um einen Streifen Migral-Tabletten, das Geld kriegt er später. Ich sage den Friedhofsangestellten also, sie sollen sie einfach umsetzen. Schön und gut, Doña, krieg ich zur Antwort, also munter umgebettet. Zwei Stunden später rufen sie wieder an und sagen: Doña, Sie müssen vorbeikommen, wir haben das Grab geöffnet, um die Überreste in die Urne umzufüllen, Ihre Schwester ist aber unversehrt. Das waren ihre Worte. Ich stoße vier Schreie aus, was soll das heißen, unversehrt, kreische ich, meine Schwester ist vor dreißig Jahren gestorben, was reden Sie da, Sie Ferkel. Friedhofsangestellte sind nämlich völlig verkorkst. Aber diese hier eigentlich nicht, arme Christenkinder. Ich mache mich also auf die Beine, steige ins Auto und fahre los. Und dann deine Mutter, Gustavito, jawohl, da war sie, oder besser gesagt, da ist sie, völlig unversehrt.«

»Wie, unversehrt?«

Gustavo war weder in der Lage zu schreien noch sich anderweitig aufzuregen. Er konnte es einfach nicht fassen.

»Unversehrt, kapier doch, mein Süßer. Deine Mami ist nicht vermodert. Sie sieht genauso aus wie damals, als wir sie begruben. Sie sieht sogar besser aus als damals, um ehrlich zu sein, sie ist nämlich nicht mehr so aufgeschwemmt. Ein bisschen verbraucht, die Arme, und irgendwie ganz dunkel, wie vertrocknet. Aber nicht vermodert. Der Körper ist *unversehrt.*«

Die zwei Onkel – die Mechi war nicht zurückgekehrt – stimmten der Erzählung mit Begräbnismienen zu. Gustavo schloss daraus, dass auch sie einen Blick auf seine Mutter geworfen hatten.

»Wann ist das alles passiert?«

»Vor einer Woche. Wir haben abgewartet, ob sie ranzig werden würde …«

»Tante, es reicht.«

»Jetzt tu nicht so erschrocken, es mag ja deine Mutter sein, aber gekannt hast du sie nicht. Ich hingegen schon, es ist ja meine Schwester gewesen, und du kannst dir gar nicht ausmalen, wie es war, sie so zu sehen, als wäre sie lebendig, also wirklich, und das nach dreißig Jahren. Ich konnte mich doch an ihr Gesicht und an all das gar nicht mehr erinnern.«

Die Diskussion zog sich hin, und Gustavo trank irgendwann kalten Mate, umgeben von seinen durchgeknallten Verwandten, und hielt sich den Kopf. Eine unverweste Leiche? Es konnte viele Gründe dafür geben. So etwas wie ein Vakuum in der Grabnische. Ein chemischer Vorgang. Hatte auch niemand Formol gespritzt oder einen anderen Mumifizierungsprozess am Körper seiner Mutter in Gang gesetzt? Alle schüttelten den Kopf. Unterdessen wuchs die Anzahl der Umstehenden. Die Kinder von Julio kamen dazu, alle mit betrübten Gesichtern, eines von ihnen, der jüngste Sohn, wirkte sogar leicht verschreckt. Seine Cousine Amanda, Walters Tochter, tauchte ebenso auf, ihre Jüngste auf dem Arm. Auch sie hatte die Tote gesehen. Und sie ließ eine echte Bombe platzen: In San Luis wussten die Leute bereits vom Wunder.

(*Das ist kein Wunder!*, schrie Gustavo in sich hinein, lauschte jedoch weiter.)

»… und sie sind bereits alle auf dem besten Weg, sie anzubeten. Sie soll nach Jasmin duften. Wie Heilige eben so riechen.«

»Um Gottes Willen!« Gustavo fand wieder Worte. »Sie muss eingeäschert werden und damit basta!«

»Sage ich doch«, pflichtete Lidia ihm bei. »Wir sind schließlich gar nicht darauf vorbereitet, eine Heilige unter uns zu haben, um ehrlich zu sein.«

»Aber was, wenn Margarita wirklich eine Heilige ist?«, fragte Onkel Walter unsicher, ohne den Blick von seinem Hammer zu heben.

Gustavo schnaubte, erhob sich und verkündete, er würde eine Weile nach draußen gehen, frische Luft schnappen. Eine Heilige, seine Mutter. »Schau doch mal bei Claudio vorbei, wenn du magst«, schlug Tante Lidia vor. »Er reinigt gerade das Schwimmbecken.«

Gustavo musste unwillkürlich grinsen. Völlig klar, dass Claudio bei dieser lächerlichen Familiensitzung gefehlt hatte. Er war nämlich der einzige vernünftige Mensch in der ganzen Familie.

»Schön, dich zu sehen, Alter«, beteuerte Claudio, bevor er ihn eine gute Weile kräftig drückte. Sie standen am Rand des hellblauen Schwimmbecken-Rechtecks hinter dem Haus, das Claudio trotz seiner bald dreißig Jahre immer noch mit seiner Mutter Mechi teilte. Gustavo entspannte sich endlich, als er seinen Freund sah. Wenn Claudio auch eigentlich sein Cousin war, war er vor allem ein Freund, und der Einzige, dem er trauen konnte. Er war es gewesen, der ihm die Wahrheit über seine Mutter erzählt hatte, es war während der Sommerferien gewesen, als die beiden einmal damit beschäftigt waren, einer Kröte Zigaretten ins Maul zu stopfen, um zu sehen, ob es stimmte, dass die Viecher bis zum Erbrechen daran zogen. Sie hatten die Stange *43/70er*-Zigaretten Onkel Julio geklaut und bereits zehn Stück vergeudet, als sie begannen, über die Strömungen im Paraná zu reden: Das Gespräch kreiste zu Anfang darum, dass zwei Jungs ertrunken waren, es waren Jungs im Alter von Claudio und Gustavo gewesen – die damals um die fünfzehn waren –, und die Zeitung meldete, dass das an den Strudeln gelegen habe, und dass die Leute keinen Respekt vor den Strömungen hatten.

»Deine Mutter ist wegen eines Strudels umgekommen. Andernfalls hätte sie sich ohne Probleme loswinden können.«

Gustavo erinnerte diesen Satz haargenau: »… hätte sie sich ohne Probleme loswinden können.« Er fragte Claudio, was er damit sagen wollte, wovon loswinden. Claudio antwortete: »Wie, hat dir das nie jemand erzählt?« Was hatte man ihm verschwiegen? Ruhig und gelassen begann Claudio zu erzählen. Gleichzeitig war er behutsam dabei, da er die schreckliche Wirkung plötzlich gelüfteter Familiengeheimnisse nur allzu gut kannte: Misstrauen und Leere. Er wusste bereits von einigen; sie kamen in dieser Familie zahlreich vor.

Es war üblich und eine Art Spiel, dass die jungen Leute in Corrientes sich an Seilen festbanden und paarweise in den Paraná sprangen, um sich unter Wasser loszubinden. Man wettete Geld darum, welches der Paare es zuerst schaffen würde, und den Gewinnern stand ein guter Teil davon zu. Seine Mutter hatte mitgemacht, zum Spaß: Ohnehin spielte man das Spiel vor allem aus Spaß, und nicht wegen des Geldes. Es ging ums Vergnügen. An jenem Morgen hatten sich etwa zehn Paare an der Mole nahe der frisch eingeweihten General-Belgrano-Brücke zusammengefunden. Seine Mutter sprang als Erste, angebunden an ihre Schwester Mechi – und tauchte als Letzte wieder auf. Besser gesagt: Sie tauchte nicht mehr auf, sondern wurde aus dem Wasser gezogen. Mechi und sie waren in einen Strudel geraten. Einige Minuten hatten sie gegen das Wasser gekämpft, die am Ufer Stehenden hatten bezeugt, es seien über fünf Minuten gewesen, aber bestimmt war das eine Übertreibung. Mechi hatte es geschafft, sich zu befreien, war halb ohnmächtig gewesen und hatte ins Krankenhaus gebracht werden müssen. Julio und Walter waren ins Wasser gesprungen, um die bereits tote Schwester herauszuholen. Gustavo, der damals noch ein Säugling war, hatte auf der Mole in den Armen seines Vaters gelegen.

»Deswegen ist meine Mutter verrückt«, hatte Claudio dann mit aller Selbstverständlichkeit bemerkt. »Weil sie davon überzeugt ist, deine Mutter umgebracht zu haben, das heißt, sie nicht vor dem Tod gerettet zu haben, was das Gleiche ist. Sie gibt sich die Schuld.«

Später debattierten sie noch lange darüber, wieso sich die beiden wohl zusammengebunden ins Wasser gestürzt hatten, wo sie doch wussten, wie gefährlich es war, und sie dachten auch darüber nach, wieso sie es wohl getan hatten, wo sie Mütter kleiner Kinder waren. Wenn seine Mutter ihre ›Anfälle‹ kriegte, erzählte Claudio Gustavo, also wenn sie sich erinnerte und alles noch einmal durchlebte, beteuerte sie jedes Mal das Gleiche, nämlich: »Nie hätten wir gedacht, dass uns so ein Strudel packen könnte.« Sie waren schlicht und ergreifend in Feierlaune gewesen. Der Tod kam in ihren Gedanken gar nicht vor. Sie hatten an die Wette gedacht, an das Geld und an die Drinks, die sie nachts im Club Regatas zu sich nehmen würden. Sie waren ja nicht bescheuert, lautete das Fazit von Gustavo und Claudio damals. Dass er keinerlei Groll gegen Claudio verspürte, weil dieser seine Mutter noch hatte, wunderte Gustavo zwar. Doch war Mechi nicht eben die Mutter, die man sich so wünschte. Und wenn Mechi schuld war, was er nicht glaubte, aber einmal angenommen, es wäre so, war Gustavo nicht gerade der Meinung, dass er deswegen seinem Cousin gegenüber nachtragend sein müsste. Wenn er an Claudio dachte, vergaß er jeden Egoismus. Er war nun einfach einmal sein bester Freund in Corrientes, und der Einzige, der ihm die Wahrheit gesagt hatte.

Gustavo hatte sich nie getraut, seinen Vater auf die wahre Geschichte anzusprechen, die sich hinter diesen Wettkämpfen am Paraná verbarg. Nie hatte er ihn angeschrien, wieso hast du es zugelassen, dass sie sprang, ich war noch so klein. Wieso hast du sie nicht daran gehindert. Er hatte es nie getan, weil er genau wusste, dass sein Vater sich Tag für Tag die gleichen Fragen stellte.

»Vergiss es, Alter, diese verrückten Weiber werden uns nie das Leben genießen lassen«, sagte Claudio und legte das Netz, mit dem er das Schwimmbecken von Laub und Insekten befreite, auf einem Baumstamm ab. Er winkte Gustavo, er möge sich setzen. Gustavo streifte die Schuhe ab, krempelte die Jeans hoch und tauchte die Füße ins Wasser. Claudio setzte sich neben ihn, steckte ebenso die Füße ins Wasser und zündete sich eine Zigarette an.

»Das hat uns gerade noch gefehlt, eine Lourdes«, seufzte er.

Gustavo lachte kurz auf, schnitt eine Grimasse und wunderte sich darüber, denn eigentlich war ihm zum Heulen zumute. Claudio fuhr fort.

»Was wirst du nun unternehmen, Kumpel?«

»Sie auf alle Fälle einäschern lassen. Nein. Ich weiß es nicht. Ein paar Tage abwarten, mal sehen, ob sie auseinanderfällt oder doch von allein zu verwesen beginnt. Ehrlich gesagt, habe ich keine Ahnung, wovon ich spreche. Ich sollte vielleicht … ich weiß nicht, ich kann nicht einmal richtig denken.«

»Willst du sie dir denn ansehen? «

»Nein. Ich glaube nicht. Ihr habt mich auch deswegen kommen lassen, oder?«

»Klar. Um zu sehen, ob du sie vielleicht kennenlernen willst.«

»Ihr seid mir echt ein paar Geier.«

»Hey, halt die Klappe, ich habe sie mir nämlich angesehen. Guck nicht so, Kumpel, was willst du, ich habe Mama begleitet. Sie wollte sie sich unbedingt ansehen, niemand konnte sie halten.«

»Und?«

»Nichts weiter, sie ist ohnmächtig geworden, hat einen Anfall bekommen, das Übliche. Wirst du es deinem Vater erzählen?«

»Ich bin doch nicht verrückt.«

»Und wenn du sie aber nachher alle am Hals hast, weil du angeblich eine Heilige hast einäschern lassen?«

»Mach mich nicht fertig, Claudio, sie sollen hingehen, wo

der Pfeffer wächst, die sind ja alle total durchgeknallt. Stimmt es, dass sie sie bereits anbeten?«

»Was weiß ich. Amanda behauptet es jedenfalls, aber Amanda ...«

»Ich bin im Bilde«, sagte Gustavo und schnaubte. Wieso bin ich nur hergekommen, wieso zum Teufel bin ich gekommen, wieso habe ich nicht darauf bestanden, dass sie sich selbst um den Quatsch kümmern sollen, fragte er sich, fand aber auch gleich die Antwort darauf: weil er nicht wollte, dass sein Vater in alles hineingezogen würde. Um ihn zu schonen, einmal mehr. Allein deswegen.

»Diese Familie ist in letzter Zeit ziemlich auf dem Eso-Trip«, sagte Claudio jetzt, um seinen eigenen Kummer loszuwerden. »Amanda hat über zwei Jahre lang Tote gesehen. Das Schlimmste war, dass sie ihre Mutter, also die Frau von Onkel Walter, überall gesehen hat. Dazu hat sie auch noch alle gewarnt: »Pass bloß auf, Claudio, geh nicht in das Zimmer, da ist schon meine Mutter drin.« Mit aller Seelenruhe sagte sie so was. Onkel Walter lieferte sich jedes Mal ein Jahrhundert-Besäufnis, wenn er mitkriegte, was sie da quatschte. Eines Morgens allerdings schleppte er sie zum Psychiater, und der wies sie kurzerhand ein. Nach einem Monat war Amanda wieder raus aus der Klinik, ihre Mutter sah sie aber weiterhin. Daraufhin wurde eine Heilerin aufgesucht. Die Heilerin erklärte, dass der Geist von Amandas Mutter in dieser Welt hier festhänge, dass er nicht wandern könne und Hilfe dabei brauche. Amandas Mutter habe nicht alles erledigen und sagen können, was sie hätte tun und sagen sollen, und die Tochter klammere sich an sie, also könne sie ihre Reise nicht antreten. So etwas in der Art. Die Lösung hatte im Sammeln und Zusammenbinden weißer Blumen bestanden, zehn Stück pro Jahrzehnt, das die Tote gelebt hatte (sechs Sträuße insgesamt), und die sollten in den Paraná geworfen werden: Einmal von der Strömung fortgerissen, würde die Seele befreit werden. Auch andere Rituale mussten begangen werden, aber das hier war unvergleichlich«, erzählte Claudio. »Du hättest sie sehen sollen, die gesamte Familie auf der Brücke Chaco-Corrientes, ein pharaonisches Schauspiel, wie sie die Blumensträuße in den Fluss warfen. Um die zwanzig Leute da oben. Ein Strauß geriet in einen Strudel. Ich weiß, ich weiß, immer diese Strudel!, aber gut, so war es nun mal, und unter lautem Geschrei bat Lidia von der Brücke herunter einen Fährmann, er möge ihn befreien und in die Strömung entlassen. Der Fährmann verstand, obwohl ich nicht glaube, dass er sie überhaupt gehört hat; viele Leute betreiben dieses Spiel mit den weißen Blumen und der Seelenbefreiung in letzter Zeit, die armen Typen wissen also genau, was sie zu tun haben. Als alles im Wasser war, habe ich mir Walter geschnappt, wir sind nach Barranquera und haben uns die Birne zugekippt.«

»Sieht Amanda noch Tote?«

»Weiß ich nicht. Ihre Mutter sieht sie jedenfalls nicht mehr, da sind wir schon heilfroh, mal dir mal aus, wie der arme Walter gelitten hat, der hat sich echt ins Hemd gemacht.«

Langsam brach die Nacht herein, ohne dass aber die Hitze nachließ. Vom Schwimmbecken aus konnte Gustavo hören, wie die Familiendebatte fortgesetzt wurde, allerdings wohl nicht mehr bei Lidia, die mit Sicherheit alle vor die Tür gesetzt hatte, weil sie es satt war, die Bude voll zu haben. Das Ganze war jetzt zu Mechi verlegt worden; hinter ihren Wohnzimmergardinen ließen sich die Schatten der drei Geschwister erkennen.

»Ich muss dir etwas gestehen, Kumpel. Sie werden es dir nämlich nie verraten. Folgendes nämlich: Meine Mutter ist überzeugt davon, dass das ein Zeichen ist. Sie möchte auf keinen Fall, dass deine Mutter verbrannt wird, Gustavo. Das ist das Problem. Im Juli ist sie in Itatí gewesen und behauptet steif und fest, die Heilige Jungfrau habe ihr anvertraut, es würde sich etwas ereignen. Und nun glaubt sie, dass das Ereignis eben das hier ist.«

Gustavo sah seinen Cousin im Dunkeln an. Er sah zu, wie er sich mit der Hand durchs Gesicht fuhr, wie er mit einem Schlag alt wurde.

»Meine Mutter glaubt, dass sie ihre Schwester wiederhat, und dass ihr die Heilige Jungfrau vergibt, was sie verbrochen hat. Gestern Abend hat sie mich gebeten, dich zu überreden.«

»Wozu?«

»Den Körper so zu erhalten und ein stattliches Grab zu errichten, damit die Heiligenverehrung stattfinden kann.«

»Du verarschst mich gerade.«

»Was soll das heißen, ich verarsche dich, du Penner?«

»Claudio, du wirst wissen, dass …«

»Okay, okay. Ich werde auf keinen Fall versuchen, dich zu irgendetwas zu überreden, Kumpel. Zu gar nichts.«

Ein schwarzer Vogel flog vom Dach des Hauses herab, küsste das Wasser im Schwimmbecken und setzte seinen Flug fort. Gustavo, der bewandert war in Sachen Correntiner Vögel, konnte ihn kaum identifizieren, hätte nicht sagen können, was für ein Vogel es war. Die Flügel waren zu groß und fein, ja niemals hatte er solche Flügel gesehen. Als er ein weiteres Mal auftauchte, um ein zweites Mal am Wasser zu nippen, kapierte Gustavo: Das war kein Vogel, sondern eine Fledermaus. Und während der zehn Minuten, in denen er in Gedanken versank, sah er, dass ein ganzer Schwarm Fledermäuse sich zum Trinken aufmachte und direkt hinter dem Haus von Tante Mechi hervorkam.

»Ich werde dir einen Vorschlag machen«, sagte Claudio.

»Nur zu.«

»Warte ein paar Tage ab, um zu sehen, ob sie nicht doch von allein vermodert, an der Luft, in der Hitze. Dann ist meine Alte schlauer. Nur ein paar Tage. Jeden Tag ruft jemand von zu Hause auf dem Friedhof an, um den Stand der Dinge zu erfragen, also …«

»Gut. Abgemacht, zwei Tage also. Ich bleibe übers Wochenende. Wenn am Montag nichts passiert, wird sie eingeäschert.«

Mehr wollte Gustavo jetzt nicht sagen, und sein Cousin stimmte einvernehmlich in sein Schweigen ein. Bei Mechi im Haus flackerten gleichzeitig Licht und Fernseher auf. Aus Julios Haus drangen ferne Töne eines *Chamamé*. Correntiner Nacht. Gustavo zog die Füße aus dem Wasser und setzte sich in einen Liegestuhl in der Nähe des Beckens, um in den sternenübersäten Himmel zu sehen. Er blieb so regungslos liegen, selbst dann noch, als Claudio ins Haus trat, um beim Abendbrotmachen zu helfen. So verharrte er und wartete ab, dass seine Mutter endlich richtig starb.

übersetzt von Rike Bolte

Washington Cucurto
Der Mann mit dem blauen Helm

Hallo, meine lieben Promenadenmischungen. Seid herzlich willkommen, einen Morgen meines Lebens mit mir zu teilen. Heute machen wir uns auf die Reise mit dem Mann mit dem blauen Helm, das bin ich. Und das ist mein Fahrrad, ein schwarzes Beachcruiser, das ich für 30 Pesos im Coto-Supermarkt gekauft habe und das alle Parkplätze der Welt kennt. Wir werden eines Tages mal ein Interview mit ihm machen, aber es spricht nur, wenn die Reifen richtig aufgepumpt sind. Es ist tückisch, hinterhältig und hat eine Rücktrittbremse. Es ist ganz von unserem Schlag, schwimmt immer gegen den Strom, so wie unser Leben: gegen alles und jeden und vor allem gegen uns selbst. 5 Uhr morgens, es ist Sommer, ich ziehe mir ein T-Shirt über und packe meinen grünen Kittel in den Rucksack, sehe nach, ob ich Zulassung, Ausweis und Gesundheitszeugnis dabei habe, wenn nicht, dann kommst du in keinen Coto rein, um Regale aufzufüllen. Erledigt, weiter geht's, immer mir nach, keine Angst, ich werde euch schon nichts wegnehmen. Eins wollte ich euch Leser schon immer mal fragen: Wie fühlt ihr euch auf der anderen Seite des Papiers, erzählt mir mal ein bisschen davon, wie malt ihr euch in euren Köpfen die Bilder und Geschichten meines Lebens aus? Wie gerne wäre ich jetzt in euren Köpfen, während ihr das, was ich euch erzähle, in die graue Materie kritzelt. Es ist, als würde ich in euch hineintreten, und auf einmal würdet auch ihr in mein Leben hineintreten. Lesen heißt gemeinsam Streiche aushecken, diese Seite ist der Anfang der Verbrüderung zwischen euch und mir und den anderen da draußen und hoffentlich der ganzen Welt! Ich gebe mich mit dem Part der Handlung zufrieden und erzähle, so wie ich kann, wie mir die Dinge in den Sinn kommen, überstürzt und mit allem möglichen Blödsinn dazwischen. Auf geht's, mit dem Rad, wir rasen zum ersten Coto, der berücksichtigt werden muss. Stellt euch vor, ihr seid kleine Männchen und klemmt euch hinter meinen blauen Helm, man muss sich so was in der Art vorstellen, denn aufs Fahrrad passen wir nicht alle, oder wisst ihr was? Stellt euch besser vor, ihr seid die Abziehbildchen, die ich mir immer an meinen blauen Helm klebe. Eines Tages, wenn ich diese Arbeit aufgebe und etwas Besseres machen kann (manchmal denke ich, dass es nichts Besseres gibt), nun, an dem Tag werde ich meinen blauen Regalauffüllerhelm unter all meinen Freunden verlosen. Nur damit sich jeder mal als Regalauffüller fühlen kann. 5.30 Uhr, heute seid ihr die besten Regalauffüller der Welt, denn ihr seid mit mir unterwegs, einem Auffüller mit Menschlichkeit, Liebe und guter Laune, das ist es, was der Welt fehlt. Auf geht's, Jungs! Ich trete in die Pedale, mein Herz schlägt schneller, und schon erreiche ich über die Calle Mitre das Once-Viertel. Plötzlich blitzen die Lichter der Plaza Once auf, die wir mit dem Fahrrad in zwei Sekunden überquert haben. Doch vorher grüßt mir die Mädchen, die ewigen Arbeiterinnen dieses Platzes, wenn es euch einmal schlecht gehen sollte oder wenn euch eine Depression befällt, kommt hierher und trinkt ein paar Bier mit den Mädchen, schmeißt eine Runde und ihr werdet sehen, wie sich alles verändert, wie sich alles mit der Zeit ins Gegenteil wendet, bist du heute traurig, wirst du morgen fröhlich sein und umgekehrt. Das ist das Rad des Lebens, in dem wir uns abstrampeln ... Hallo, Lorcadia. Tschüss, Idalina. Was für eine Freude, dich hier zu sehen und tschüss-tschüss, liebste Maripili! ... Maripili ... Ach, eines Tages werde ich euch von Maripili erzählen müssen. Diese Mulattin ist aus Gold, hat kein einziges Gramm Fett, die schwarze Rasse steckt ihr in den Knochen, und sie hat ein großes Herz, das ist das Wichtigste. Maripili ist Mutter von sechs Kindern, die aufgereiht eine Treppe ergeben, ich kenne alle, sie sind wunderhübsch, diese kleinen Schwarzen. Sie besuchen die staatliche Schule mit ihren weißen Schürzen. Ich sehe sie jeden Morgen an der Hand ihrer Mutter, sie ist die beste Mutter der Welt! Nun lasst sie uns grüßen und oben auf meinem Drahtesel fest in die Pedale treten, der würde ihnen auch zulächeln und die Hand zum Gruß erheben, wenn er eine hätte … Langsamer? Wollt ihr die Aussicht genießen? Okay, die da, das sind die Trinker aus dem Cumbia-Schuppen in Once. Das riesige Glas da, aus dem das Bier schäumt, ist das Schild des Chevecha. Im ganzen Umkreis befindet sich eine Absteige neben der nächsten. Die Ecuador von Hausnummer 1 bis 100 ist die Straße der Stundenhotels, wie die Calle Rojas oder die Yerbal im Barrio Flores. Wir sind schon beim Coto, auf dem Parkplatz, atmet die frische Morgenluft, seht von hier aus, während ich das Rad ankette, die gigantischen Regale, was für Schiffe, was für vollkommene vom Menschen geschaffene Maschinen. Das Regal. Es gibt uns eine Heimat. Es gibt Regale in allen Größen und mit allen Dingen, die ihr euch vorstellen könnt und noch nie gesehen habt, zum Beispiel die neuen Badeentchen, die es zur Batterie *Everready* im Angebot dazu gibt. Oft sind die Geschenke besser als die Produkte selbst. Regale über Regale über Regale, seht sie euch an, meine Töchter, Schwestern, Cousinen und Nachbarinnen, am liebsten wäre ich ein Roboter mit einem Eisenpimmel, um es ihnen allen zu besorgen, das ist es, was ihnen fehlt, um besser als der beste Revuestar zu werden … Ist erst einmal die Polizeikontrolle überstanden – Zulassung, Zeugnis, ordentliche Rasur –, gehen wir ins Lager, um eine Palette mit Waren für das Regal zu beladen. Falsch gemacht! Niemals geht man runter ins Lager, ohne vorher zum Regal zu gehen. Zuerst sieht man nach, was aufgefüllt werden muss. Aber ich bin Gardel mit dem blauen Helm, ich bin die Hand

Gottes, der seinen grünen Kittel nicht dreckig macht. Hier weiß ich über alles Bescheid, sogar über die Dinge, die die Leute aus den Regalen genommen haben. Gehen wir also direkt runter ins Lager, Jungs, ihr seid hier mit einem Experten unterwegs!

Ein interner Regalauffüller, der sich für den Chef hält und mehr oder weniger der Kumpel des Bereichsleiters ist (in allen Supermärkten gibt es immer einen pro Regal), sagt:

»Vega, warum sprichst du mit deinem Helm? Hast du sie nicht mehr alle?«

»Mach mal halblang, *negrito*. Pass auf, was du sagst. Ich bin gerade dabei, Instruktionen zu geben.«

(In solchen Fällen sind Brutalität und völlige Missachtung fundamental, um zu überleben.)

»*Negrito*, wem gibst du Instruktionen?«

»Dem Arsch deiner Tante, du Trottel. Was geht dich das an!«

Ich habe nicht vor, jedem dahergelaufenen *negro* lange Erklärungen zu geben. Wie sollte er auch verstehen, dass ihr, meine Leser, auf meinem Helm mit mir unterwegs seid?

Beachten wir ihn nicht weiter und fahren mit unserer Arbeit fort. Wir füllen die verschiedenen Waren auf, die in dem Regal angeboten werden, wir gießen Wasser in eine Plastiktüte, um die Blechböden ein bisschen sauber zu machen, und wir stemmen die Palette mit den Händen hoch. Was ihr machen könntet, wäre ein bisschen mit anzufassen, damit es leichter geht. Wenn ihr schon mal da seid. 5.45 Uhr. Beim Auffüllen zählen die Minuten, und die vergehen blitzschnell. Wir haben noch 45 Minuten, um das Regal einwandfrei herzurichten und in einen anderen Supermarkt zu düsen. Zuerst bocken wir die Palette in der Nähe des Regals auf, den Fuchs, den Palettenheber, stellen wir unterhalb der Palette fest, damit niemandem etwas passieren kann. Wir räumen die Waren auf die Regalböden und sortieren die Produkte, die noch da waren; nach hinten kommen die neuen, damit zuerst die alten verkauft werden. Wir bringen die Preisschilder ordentlich an, die Rabatte, die Angebote, die Tafeln mit den Kombipacks. Wenn uns aus irgendeinem Grund ein Produkt fehlt, notieren wir es und füllen den Bereich des Produkts mit anderen Waren auf. Auf keinen Fall darf ein Loch im Regal entstehen. Das Regal muss immer vor Produkten überquellen und blitzblank sein, sauber, nach Pinien duften, mit ordentlich angebrachten Preisen. Wir achten darauf, dass wir kein abgelaufenes Produkt reinstellen, keines mit kaputter Verpackung oder Mehlwürmern, das kommt häufig bei Reis, Linsen und Nudeln vor. Wir stellen die leeren Kisten wieder auf die Palette und bringen sie zur Kartonpresse. Wenn es Folien gibt, sammeln wir sie getrennt und bringen sie zur Plastikpresse. Den Fuchs bringen wir in den Bereich, wo »sich die Füchse ausruhen«. Ich werde euch mal was verraten, der Fuchs ist das am meisten geschätzte Gerät im Supermarkt, ohne ihn könnten wir rein gar nichts ausrichten. Wir brechen auf zu einem anderen Supermarkt, aber halt! Vorher kontrollieren wir ein letztes Mal, dass kein Preis fehlt, und wenn doch einer fehlt, dann bringen wir ihn noch an. Wenn ein Produkt fehlt, dann schreiben wir es dem Bereichsleiter auf. Geht nie direkt zu ihm hin, sonst schnappt er sich dich und will, dass du ihm irgendein anderes Regal auffüllst.

Hauen wir ab.

»Vega, Vegalein, komm mal her, mein allerliebster *negrito!*«

Verdammt nochmal, der Bereichsleiter hat mich gesehen. Ich tue so, als würde ich ihn nicht hören und verdrücke mich, bevor er mich noch irgendetwas auffüllen lässt. Morgen sieht er mich wieder, doch heute habe ich Besuch, Alter.

Man muss sich immer schnell aus dem Staub machen, aus den Cotos flüchten, sonst kommt man nie davon. Wartet, ich mache das Fahrrad los und dann geht's zum Coto Boedo, das ist der nächste. Wir liegen gut in der Zeit, es ist 7.35 Uhr. Wir fahren die Avenida Rivadavia entlang bis zur Avenida Castro Barros. Tschüss, geliebtes Chevecha und geliebte Stundenhotels von Once, eure Lichter feuern meine Fröhlichkeit an. Und wartet, seht, wem wir mitten auf unserem Pedalritt begegnen. Auf halber Strecke, von der Pension, in der sie wohnen, marschiert zur Schule das halbe Dutzend Kinder von Maripili vorbei. Liebste Leser, grüßt sie mir ja, von meinem blauen Helm aus. Tschüss, du kleines Hallenfußballteam, lernt fleißig!

Wir rasen die Castro Barros runter, an der es einen anderen Coto gibt, von dem ich euch noch erzählen werde … Drei trockene Tritte ins Pedal und Castro Barros wird zu Boedo, und dann befinden wir uns schon auf Höhe der Calle Estados Unidos. Coto Boedo. Gehen wir mal rein und sehen nach, was los ist. Vorher sage ich euch, dass wir hier auf jeden Fall schnell auffüllen müssen. Nur dann haben wir Zeit, um noch nach oben zu gehen und in aller Ruhe zu frühstücken. Habt ihr es bequem hinter meinem Helm? Wir rennen ins Lager, laden eine riesige Palette voll und bringen sie zur Regalwand. Es ist ein einziges Desaster, wir werden mindestens ein paar Stunden benötigen, um das wieder aufzufüllen. Ich packe das Regalauffüllerbiest in mir aus und gebe alles, reiße Kisten um Kisten auf, fülle Paket um Paket auf, putze Regale, helft mir, ihr Leser, so schaffen wir es, noch ruhig zum Frühstück nach oben zu gehen … Tata tata! Das Regal ist wieder 1a, bis oben hin voll mit Waren. Wir haben noch eine Viertelstunde Zeit, gehen rauf in die Kantine und frühstücken schnell was. Nehmt, was ihr mögt, Milch, Kakao, Mate-Tee, Kaffee, Milchkaffee, Tee mit Milch. Das hier ist der beste Platz im Coto. Croissants, Karamellcreme, Törtchen, Butter, Marmelade, Philadelphia. Schlurf, schlurf,

schlurf. Füllt eure Tassen nochmal auf, wenn ihr wollt. Ihr, werte Leser, seid hungriger als Robinson Crusoe. 10 Uhr morgens. Wir sind zu spät dran. Einen müssen wir noch machen, den Größten, Coto Honduras im Palermoviertel. Los geht's, die Calle Maza runter, die zur Salguero wird, und dann immer geradeaus bis zur Honduras. Der Milchkaffee rumort uns im Magen. Habt ihr es bequem hinterm Helm? Habt ihr bemerkt, dass ich mir den Helm nicht mal zum Essen abgenommen habe? Denn wenn du ihn abnimmst, kannst du entlassen werden – das ist eine städtische Verordnung. Wir treten in die Pedale und stehen schon im Coto Carriego. Hallo, verfluchtes versnobtes Palermo-Hollywood! Bevor wir da reingehen, sage ich euch, hier nur mit Bleifüßen und ohne einen Laut von sich zu geben. Hier gibt es Spitzel und Kontrolleure ohne Ende! Hier muss man, bevor man ins Lager geht, auf jeden Fall zum Regal gehen, denn man weiß hier nie, was fehlt. Aber es ist immer schwierig, zum Regal hinzugehen, in der Halle sehen dich alle und schicken dich los, damit du andere Sachen holen gehst ... Sachen, die sie nicht holen wollen, weil sie nicht runter ins Lager gehen wollen, weil sie zu faul sind! Die schärfsten Kassiererinnen des Planeten sind hier. Du wirst dumm davon, sie oder die Kundinnen anzustarren, die in Shorts, Flipflops und losen Bikinioberteilen hereinkommen, als würden sie an den Strand gehen oder in Mar del Plata wohnen. Billige Nutten! Sie haben gerade auf den Terrassen ihrer Riesenschuppen in der Sonne gelegen. Morgens um 10.30 Uhr brutzeln alle Verrückten in der Sonne und kommen, um sich ihr Gatorade oder ihr Villavivencio-Mineralwasser zu holen. Nutten, hoffentlich bringt euch die Sonne um!

»Baggio!« (Die meinen uns, hier rufen sie dich mit der Marke, die du auffüllst.) »Was zum Teufel machst du da? Sprichst du etwa mit dir selbst, du faules Stück. Komm sofort hierher!«

Das ist der Leiter des Bereichs. Er hat es eigentlich satt, externe Regalauffüller rauszuwerfen, aber mich hat er auf dem Kieker … Doch ich bin Gardel mit dem blauen Helm. Ich kenne alle Tricks. Ich habe für den argentinischen Neoliberalismus aufgefüllt, in den 1990er-Jahren, im Carrefour, vergesst das nicht, ich habe für den Menemismus und den Duhaldismus aufgefüllt. Ich lebte, fickte, tanzte Cumbia, füllte auf, aß, alles für den Neoliberalismus, bis sie mich aus dem Carrefour rauswarfen, weil ich mich nicht rasiert hatte, und jetzt bin ich externer Regalauffüller für die Firma Baggio. Ein Bereichsleiter hat mir gar nichts zu sagen. Ein Bereichsleiter aus Salta oder Jujuy oder Paraguay kann mir nicht einmal die Farbe der Puna-Hochebene nennen. In dem tragischen Jahrzehnt, als viele von euch noch in den Windeln lagen, ließ ich alles über mich ergehen und schuftete.

»Was gibt's, Boss? Kann ich Ihnen helfen?«

»Bring mir 50 Päckchen Mehl und mache ein Sonderschild, weil das heute Abend ins Angebot kommt.«

»Ja, Señor.«

Zu allem sage ich Ja, das ist grundlegend: Das Wichtigste im Leben ist, zu allem Ja zu sagen. Das Einzige, was etwas bringt, ist, Ja zu sagen: »Ja, Señor.« Doch wenn er sich umdreht, dann unterschreibe ich schon meinen Abmarsch aus dem Supermarkt. Punkt 14 Uhr. Wir gehen jetzt, Jungs, das sind Supermärkte in Argentinien. Vergesst nicht, die Preise zu kontrollieren, dass ja kein Produkt fehlt und schon gar kein Angebot. Achtet auf die Verfallsdaten und dass das Regal immer einwandfrei ist, wie ein Spiegel. Das war's schon, lebt wohl! Danke fürs Kommen.

»Vega!«

übersetzt von Timo Berger

Lucía Puenzo
Der Hase ist tot

Tino entdeckt ihn schließlich beim Spielen in seinem Baumhaus, versteckt hinter einer rot-blau-weißen Fahne, die er völlig unverfroren hochreißt – es ist nicht die US-amerikanische Fahne –, bevor er dann die Tür mit einem Fußtritt aufstößt. Er sieht den Jungen, der in seinem Alter ist, gerade noch aus dem Fenster und auf den Boden springen, sieht, wie er sich von Ast zu Ast hangelt wie ein Mandrill. Dann spurtet er quer übers Feld, schneller als ein Hase. Die *Payaguás*, die *Guaycurúes*, die *M'bayá*, die *Mocovíes*, die *Chiriguanos*, jagt es Irmas Sohn beim Laufen durch den Kopf (ohne dass er wüsste, wieso). Einige Sekunden lang sieht Tino ihm perplex nach, sieht ihn verschwinden, die paraguayische Fahne immer noch fest in der Hand: Er könnte schwören, dass das Gesicht des anderen seinem gleicht. Abends dann verneint er, als Razzani ihn fragt, ob er den Jungen kenne. Er streckt seinem Vater die Hand hin und fügt sich stillschweigend der einzigen Bedingung, die dieser ihm stellt, damit er mit auf die Jagd kann: Er verspricht, alles zu tun, was man ihm befiehlt. Feldeinwärts, auf dem Rücken einer sehr zahmen Stute, kann er den Blick von Irmas Sohn kaum abwenden. Sein erster Eindruck trügt nicht: Der Junge hat genau die gleichen grauen Augen wie er selbst und seine Schwestern, ein kantiges Kinn und einen Wurf Sommersprossen auf der Nase. Paraguay bemerkt, wie er angesehen wird. Tino ist hier kein Einzelfall: Dem letzten Feldarbeiter wich bei seinem Anblick noch die Farbe aus dem Gesicht; die Ähnlichkeit zwischen Irmas Sohn und Razzani war nicht zu verbergen, sie stand in den Gesichtern geschrieben, und die Scham darüber, dass Geheimnisse der Vergangenheit auf derartige Weise zutage traten – im Körper eines Neunjährigen auf einem Gehöft in Mendoza lebendig wurden –, zwang alle, den Blick zu senken, wenn sie Paraguay über den Weg liefen. Selbst Razzani blieb die Spucke weg, als er den Jungen, der gerade vom Busbahnhof eingetroffen war, eines Tages hinter Irma in sein Arbeitszimmer treten sah. In derselben Nacht wachte Paraguay allein im Dienstbotenzimmer auf und hörte die beiden stundenlang miteinander streiten. Sie waren weit weg, es trennten sie eine gesamte Etage und zehn Zimmer voneinander. Paraguay spitzte die Ohren, vernahm aber kaum mehr als eine Handvoll loser Worte. Razzani sagte Dinge wie »Unehrlichkeit« und »Verrat«. Irma stellte ihn vor die Wahl: Wenn ihr Sohn gehen müsse, würden sie beide gehen. Das war der einzige komplette Satz, den er aufschnappte, denn dann riss Irma die Tür des Arbeitszimmers auf und lief schreiend die Treppe hinunter. Wieder im Dienstbotenzimmer, schlüpfte sie zu Paraguay ins Bett und nahm ihn ganz fest in den Arm. *Keine Sorge*, beruhigte sie ihn, der mit weit aufgerissenen Augen auf das Fenster starrte, *wir gehen nirgendwohin*. Und genauso kam es: Es gab keine weitere Diskussion mehr, selbst dann nicht, als der Frau des Hausherrn beim Kennenlernen des Jungen die Tränen in die Augen stiegen. Mit jedem Tag wurde Paraguay bewusster, woran alle anderen seit Jahren keinen Zweifel hegten: Razzani würde Irma auf keinen Fall verlieren wollen. Er würde nach der Nacht des Streits zwar kaum mehr ein Wort an Paraguay richten. Doch eines war klar: Der Junge war gekommen, um zu bleiben.

Als Razzani den ersten Hasen erlegt und schreit, sie sollen nach ihm suchen, bleibt ihnen nichts anderes übrig, als ohne Widerworte zu gehorchen. *Pack ihn an den Ohren*, rät Paraguay, als er sieht, wie Tino die Hände zittern. Paraguay wird seit Tagen mitgenommen, um die erlegten Tiere einzusammeln. Tino greift das Tier an den Ohren und dreht sich um, will es Razzani hinhalten. Doch sein Vater ist schon wieder auf und davon, schießt irgendwo in den Himmel, während Paraguay sich in das eisige Wasser des Sees gleiten lässt, um nach der letzten Beute Ausschau zu halten. Tino sieht zu und spürt unterdessen, wie es warm über seine Haut rinnt: Es ist das Blut des Hasen, den er in den Händen hält. Das Tier hat zu strampeln aufgehört, ist aber noch lauwarm und hat die Augen aufgerissen. In der Ferne hört man Razzani feiern und Rufino, seinem zukünftigen Schwiegersohn, der ihn auf die Jagd begleitet, anerkennend auf die Schultern klopfen; er ruft ihn bei irgendeinem erfundenen Spitznamen (nennt ihn *Finito*, Dünner, und *Miope*, Kurzsichtiger, ohne an die vielen Stunden Therapie und Boxerei zu denken und auch nicht an die Koksstreifen, die Rufino in seinen Schwiegervater investiert). Dabei wird Rufino von Tag zu Tag dünner, obwohl er ganze Nächte an den Sportgeräten in seinem Zimmer herumturnt. Mit vor Wut zitterndem Mund zielt er auf den Hasen, als handele es sich um seine Zukunft, die da durchs Dickicht huscht. Als Paraguay aus dem Wasser kommt, mit der Ente in der Hand, dringen als Erstes die Schreie zu ihm. Von den Binsen verborgen, wird er von niemandem gesehen, zudem starren alle auf den Hasen von Rufino und reden dabei wild und aufgebracht durcheinander. *Schieß, Finito, der geht dir durch die Lappen!* Das Einzige, was Tino hört, ist die Stille, die vom toten Hasen ausgeht. *Hat der einen Zahn drauf, verdammtes Viech!* Er hat aber alles im Blick. *Los jetzt!* Der Hase und Paraguay laufen einander entgegen, um gleich aufeinanderzuprallen, und das inmitten eines Weizenfeldes, das so hoch und dichtbewachsen ist, dass es beinahe alles verdeckt. *Jetzt!* Alles, bis auf die Heftigkeit, mit der die Ähren unter den zwei erschrockenen Körpern niederknicken, in Zeitlupe, wie Spuren eines Lichtstrahls. *Jetzt schieß endlich, du Schisser!* Tino steckt einen Finger in das Loch, das sich am Hals des

Hasen gebildet hat. *Schieß!* Er versucht, die Kugel zu befühlen, die sich in den lauwarmen Körper gebohrt hat, als er Paraguay aufschreien hört. Der Schuss scheucht die Vögel hoch, die in Fächerform auffliegen, aber Tino schaut gar nicht so weit nach oben: Er sieht nur, wie der Hase, Rufinos Kugel entkommen, die Löffel anlegt und einen Haken schlägt, als würde er sich über sie alle lustig machen.

Wo hat er ihn getroffen?!, brüllt Razzani und rennt in Richtung Paraguay los. *Am Bein*, ruft Bruno zurück. Er kniet auf dem Jungen, der keine Miene verzieht, sondern nur zittert und sie alle stumm ansieht, mit der Gewissheit, dass eine einzige Klage ausreicht, um wirklich richtig getroffen zu werden. Er öffnet die Hand, die den blutigen Entenhals umklammert hat, und legt sie vorsichtig auf die Erde, dabei hat er die Augen ebenso weit aufgerissen wie die Ente. Er kann die Pferde mit den Reitern darauf erkennen sowie die Gewehre, die hinter Brunos Rücken hervorstaken. Über dem Weizen. Unter dem Himmel. Er versucht, die Blutung zu stoppen, aber das Blut quillt zwischen seinen Fingern hervor.

Sein Vater schnappt nach seiner Hand. *Nicht das Blut*, sagt er (kaum hörbar). *Fass niemals Blut an.* Und: *Ruhig, alle ganz ruhig. Solange es nur das Bein ist, ist alles in Ordnung.* Ein paar Meter weiter späht Tino durch die Ähren. Er hört nicht, was gesprochen wird, für einige Sekunden ist das Gekreische der *Tero*-Vögel über ihm so laut, dass es die Stimmen völlig überdeckt. Er sieht die eisigen Gesten seines Vaters, die Tränen Rufinos und das Zittern seiner Hände, als dieser auf einen der Vollblütler steigt, Paraguay in den Arm nimmt, an sich presst und in vollem Galopp davonstürmt.

Als sie nach Hause kommen, ist Irma in den Wirtschaftsräumen bei Paraguay und hält ihm den Kopf, während der Arzt die Wunde näht. Auf der anderen Seite der Tür hört Tino Paraguay im Fieberwahn Wörter auf Guaraní stammeln.

Hasy, mama. Aikuaáma che mboraihu. Irmas Murmeln ist genauso unverständlich und wütend wie das ihres Sohnes. *Jaha katu che sy,* sagt sie, ohne den Blick von der Wunde zu heben. *Ñande rógape. Koa ngo haé la ñade róga.* Völlig richtig, was er sagt: Das hier ist sein Haus und seine Familie. Ihr Sohn war – und das ist nur wenige Wochen her – nicht mehr als ein Foto, das über ihrem Bett hing, ein Foto, das von Jahr zu Jahr durch ein anderes ersetzt wurde. Unterdessen sorgte jedes ihrer Gehälter, das sie an das Postfach Nummer 148 in Encarnación schickte, dafür, dass er Kleidung und Essen hatte und zur Schule gehen konnte. Im Gegenzug dafür erhielt sie eine Handvoll Fotos und Briefe, geschrieben von einem Sohn, der Tausende Kilometer von ihr entfernt aufwuchs. Sie hatte sich nie gefragt, ob es vielleicht eine andere Möglichkeit gab: Auch sie war von ihren Großeltern aufgezogen worden und würde wohl eines Tages ihre Enkelkinder aufziehen. Wenn sie sich jetzt, beim Verbinden der Wunde, etwas vorwarf, dann war es die Tatsache, dass sie diesen natürlichen Lauf der Dinge unterbrochen hatte, als sie ihn zu sich holte. *Es war ein Unfall*, hörte sie Bruno zum Arzt sagen, als dieser ihn am Eingang der Wirtschaftsräume begrüßte. Wortlos und mit verschlossener Miene verweigerte Irma allen, außer dem Arzt, den Zutritt. Sie zog sich auf die fünf Quadratmeter zurück, die das Einzige waren, was wirklich ihr gehörte.

Was sollen diese Begräbnisgesichter, hier ist noch keiner gestorben, sagt Razzani, als sein Blick auf Tino und Juana fällt, die sich hinter einem aus englischem Marmor gefertigten Schrank verstecken; er unterbricht dabei seinen Gang durch das Halbdunkel der Küche nicht, und durch die Fenster fällt Licht und so etwas wie Aussicht auf Vergessen ein. *Wird das wirklich wieder alles in Ordnung kommen?* Die helle Stimme seiner jüngsten Tochter lässt ihn innehalten. *Habe ich dich jemals angelogen?* Juana antwortet mit einem Kopfwackeln, das halb schizophren wirkt (sie kämpft um das Nein, ist aber Gefangene des Ja) und das schließlich, als es fast erstarrt, Tino gilt, dem vielleicht ein Quäntchen Wahrheit abzuringen ist. *Ich weiß es nicht*, hört sie ihn raunen. Derart beruhigend ist es, dass ihr jemand einmal die Wahrheit sagt, dass Tino Minuten später ihr (erleichtertes, beschwingtes) Lachen über dem Schwimmbecken vernimmt. Für eine Sekunde öffnet er die linke Hand, um endlich den toten Hasen loszulassen, an dem er immer noch festhält, Geisel seiner eigenen Panik. Aber das Gefühl der Einsamkeit ist so groß, dass er die Finger aufs Neue um den blutverklebten Hals des Tieres presst. Es fühlt sich kälter an als der Marmor, in dessen Richtung Tino sich gleiten lässt, wobei er die Beine ganz weit auseinanderreißt und dabei deren Haut besieht, die so unversehrt, so frei von Schusswunden ist, dass er (als eine Stunde später plötzlich die Tür aufgeht) den Impuls, sie hinter der Anrichte zu verbergen, nicht unterdrücken kann. Er kann Irma nicht in die Augen sehen, senkt den Kopf, um die Tränen hinter dem Pony zu verbergen. Ohne das Zittern der Schultern kontrollieren zu können, gehorcht er stumm dem Befehl, mit dem Weinen aufzuhören. Keine Fragen, es ist nicht nötig. Irma hebt ihn auf die Anrichte, um ihm die Hände mit Seife zu waschen. *Ich habe ihm etwas zum Schlafen gegeben*, sagt der Arzt, während sie daraufhin Tino die Hände abtrocknet, den Blick auf das mit Blut eingefärbte Wasser gerichtet. *Morgen bringst du ihn mir ins Krankenhaus, er kriegt einen Gips, und in ein paar Monaten spielt er wieder Fußball.* Irma wäscht jetzt ihre eigenen Hände, mit dem Rücken zu ihm, dann dreht sie sich um. *In zwei Wochen hätte er eigentlich zurück nach Encarnación fahren sollen.* Sie spricht in der Vergangenheit, beugt sich somit in weiser Voraussicht dem Verbot: *Willst du, dass das Bein gesund wird, Irmita? – Ja, Doktor. – Dann hör bitte auf mich. Bis er wieder richtig laufen kann, bleibt er hier. Nicht dass die Leute noch fragen, was passiert ist.* Der Befehl ist mehr als deutlich. Irma wartet ab, dass sie alle weg sind, und holt dann ihr Messer hervor. Sie stößt die Tür des Wirtschaftsraumes mit seiner geschliffenen Spitze zu. Aber Tino erkennt eben noch den schlafenden Paraguay, der mit verbundenem Bein auf dem weißen Bettlaken liegt. Er lässt zu, dass Irma ihn auf die Anrichte hebt und ihm die Hände mit einem Lappen sauber wischt. *Dich trifft keine Schuld.* Sie sagt es gleich zweimal (*schon gut*), und die Tatsache, dass sie ihm vergibt, lässt ihn nur noch heftiger weinen. Und im selben Augenblick vernimmt er, ohne irgendeine Ankündigung, einen trockenen Schlag: Das Messer gräbt sich in die Holzplatte. Als er die Augen öffnet, hält Irma den Kopf des Hasen in den Händen. *Wenn du auf Jagd gehen willst, solltest du dich an so etwas gewöhnen.* Mit chirurgischer Sorgfalt öffnet sie den Hasen in der Mitte, und die herausquellenden Gedärme nehmen ihm den Atem.

In dieser Nacht lässt sich Rufino drei Mal auftragen. *Das ist der beste provenzalische Hase meines Lebens*, beteuert er. Und bittet um Applaus für Irma. Die Panik davor, was ihm hätte widerfahren können (nicht Paraguay, sondern seiner Zukunft), stimmt ihn euphorisch, jetzt, wo alles wieder unter Kontrolle zu sein scheint. Und Razzani macht sich kein einziges Mal über ihn lustig; er behandelt ihn sogar besser als sonst. ›*Merge*‹ bedeutet ›*Zusammenführen*‹ *auf Englisch*, erklärt er Tino dann, als die Fragen bezüglich der Hochzeit ein Gespräch über Geschäfte aufkommen lassen und es dabei fast um einen beliebigen Tag zu gehen scheint. Es ist das Einzige, worüber an diesem Abend gesprochen wird: darüber, wie die eine oder andere Firma Razzanis mit der Zukunft seiner Kinder fusionieren wird. Tino bekommt keinen Bissen herunter. Er ist blass, folgt dem Gespräch, ohne den Mund aufzumachen, und senkt jedes Mal den Blick, wenn Irma aus der Küche tritt. *Eines Tages wirst auch du Geschäftsmann*, verspricht Razzani.

übersetzt von Rike Bolte

Fabián Casas

Die profane Strafe

Niemand ist einsamer als der Samurai,
außer vielleicht der Tiger im Dschungel.

Der Bushido

Die Rede ist von einem Mann um die fünfzig. Es gab Zeiten, in denen er langes Haar hatte, Jeans und Plateauschuhe trug und seine Nase leicht zur Seite gebogen war, sodass er durch den Mund atmen musste. Nun saß er in einem kahlen Zimmer mit einem Tisch und zwei Stühlen. Auf dem Tisch ein kleiner Käfig, in dem ein Rotkardinal ohne Unterlass auf ein Glöckchen hämmerte. Der Vogelkäfig war picobello aufgeräumt. Das Futter lag in einem seitlich angebrachten Napf. Ein kurzer u-förmig gebogener Stab diente dem Rotkardinal als Schaukel und um von einem Ende des Käfigs zum anderen zu springen. Das Haus war blitzblank aufgeräumt. Die Wände weiß, ohne Bilder oder Fotos. Die Lebensmittel verteilten sich auf Speise- und Kühlschrank, die in der kleinen Küche aufeinandergestapelt standen. Der Mann wechselte das Wasser des Rotkardinals. Er wirkte jünger, als er war. Er war fünfzig Jahre alt und hatte nun eine perfekte Nase, durch die er problemlos atmen konnte. Statt eines Pyjamas trug er einen Kimono, den er zehn Jahre zuvor auf einem Flohmarkt gekauft hatte.

Das Telefon klingelte. Er sprach in den Hörer. Eine Weile später streifte er den Kimono ab und ging ins Bad, um sich zu duschen. Er trocknete sich ab. Er suchte die schwarze Aktentasche, die er im oberen Fach des Kleiderschranks verstaut hatte. Er zog Bleistifte, Temperafarben und Zeichenpapier heraus, die im Bauch der Tasche seit Millionen Jahren überwintert hatten. Dann zog er den blauen Blazer und eine graue Flanellhose an, die Uniform, die er gewöhnlich trug, wenn er Unterricht gab. Er nahm den Käfig in die eine und die Aktentasche in die andere Hand, öffnete die Wohnungstür, schloss sie von außen wieder ab und klingelte bei den Nachbarn. Die Rede ist von einem alten Hochhaus, einem rationalistischen Gebäude, in das durch viele Stellen Wasser eindringt. Die schwarze Tür öffnete sich, und das Gesicht einer alten dicken Frau mit einem Haarnetz tauchte auf. Die Frau sagte: »Hallo, Carlos.« »Hallo, Frau Marta, ich muss ein paar Tage verreisen, denn die Frau, die meine Mutter gepflegt hat, ist gestorben – könnten Sie vielleicht eine Weile auf meinen Rotkardinal aufpassen?« »Oh, das tut mir aber sehr leid, das hätte ich gar nicht erwartet …«, sagte die Frau. Der Rotkardinal wechselte von einer Hand zur anderen. »Carlos«, sagte die Frau, während sie den Käfig auf den zersprungenen schmutzigen Boden stellte, »wenn du jemanden brauchst, der sich um deine Mutter kümmert, ich kenne da jemanden – die arme Teresita muss schon sehr alt sein, oder?« »Danke«, sagte Carlos, »aber ich glaube, ich werde mich jetzt selbst um sie kümmern – bis zu ihrem Ende –, ich habe ja Zeit.« »Ach, das Ende«, sagte die Frau, »wenn Gott mit dem Finger auf uns zeigt, sind wir bereit; es bringt nichts, sich dagegen aufzulehnen.«

Jeder Mensch lebt in einer Monade. Während des Lebens wird die Monade allmählich gepanzert. Wenn man seine Lebensmitte erreicht, verfügt die Monade, wenn man Glück hat, allenfalls noch über ein kleines Fenster, wie das eines Kiosks, durch das man Münzen gegen Zigaretten tauscht. Die Luft in der Monade ist, weil sie immer mehr geschlossen ist, mief; sie benebelt uns langsam, bis uns der Tod erreicht.

Und Herminia, die Frau, die Teresa gepflegt hatte, erreichte der Tod sehr plötzlich, mit der Präzision eines Infarkts, während sie dabei war, die frisch gewaschene Wäsche der Alten eine Treppe hinaufzutragen und sie auf der Terrasse aufzuhängen. Herminia war vierzig Jahre alt, sah aber aus wie sechzig. Sie war erschöpft, fett, völlig aus dem Leim gegangen. Teresa brachte es auf Charons Waage auf 91 Jahre, und obwohl sie sich lange Zeit einer eisernen Gesundheit – mit einem ausgezeichneten Gedächtnis und einer ungetrübten Sehkraft – erfreut hatte, hatte sich auf ihrer letzten Wegstrecke – die Fahrkarte für den griechischen Fährmann schon in ihrer Hand – eine unerklärliche Melodie in ihr Gehirn eingenistet. Die Erinnerung suchte sie in Lichtblitzen heim wie ein sich drehender Flakscheinwerfer. Teresa war eine anständige Frau gewesen, die das Jahrhundert mit harter Arbeit und einer einzigen Gabe überstanden hatte: der Fähigkeit, andere zu lieben, über ihre persönliche Bedeutung hinaus. Carlos war ihr einziger Sohn. Sie hatte ihn bekommen, als sie schon alt war. Carlos' Vater tauchte plötzlich in Boedo auf und eröffnete eine Praxis für klinische Medizin in der Calle Maza, Ecke Carlos Calvo. Aber er war kein Arzt, er war ein Betrüger. Und er hatte bereits – wie ein echter Renaissancemensch – im ganzen Land Tausende von Berufen ausgeübt. Wie alle Betrüger war er schön und sehr charismatisch. In Boedo nannte man ihn ›Pedernera‹ wegen seiner Ähnlichkeit mit dem Spieler von River Plate, eine Ähnlichkeit, die den Leuten aufgefallen war an Tagen, an denen kein Markt war und er mit den anderen in der Calle Loria auf der Straße Fußball spielte. Pedernera, sagte man, war der Größte. Als Carlos ein Jahr alt wurde, landete Pedernera auf direktem Weg im Gefängnis; er war von einem sterbenden Patienten angezeigt worden. Carlos und sein Vater sahen sich erst viele Jahre später wieder, als Pedernera wieder auf freiem Fuß war und mit einem Gefängniskumpan in der Avenida Belgrano eine Bar aufmachte. Carlos suchte ihn auf, um ihn um Geld zu bitten. Sein Vater schickte zwei Typen, die Carlos auf den Millimeter genau zusammenfalteten.

Als Carlos am Haus seiner Mutter ankam, empfing ihn der Sohn von Herminia – ein rothaariger Rocker mit einem dünnen Stimmchen, dem dieser verzweifelt eine Patina zu geben versuchte, indem er eine Zigarette mit schwarzem Tabak nach der nächsten rauchte. Der Rothaarige erklärte ihm den Stand der Dinge: wo die Medikamente lagen, zu welcher Uhrzeit seine Mutter was einnahm, und wo sich die Unterlagen des Krankenhauses befanden für den Fall, dass er sie benötigte. Der Rothaarige kam Carlos wie einer jener Bewacher von Strandbungalows vor, die nur auf den Besitzer warten, um ihm den Schlüssel in die Hand zu drücken und zu verschwinden. Er sagte ihm, dass er, wenn er noch keine neue Bleibe habe, vorerst in einem der vielen Zimmer wohnen könne, bis er etwas anderes gefunden habe. Aber der Junge lehnte ab, er werde zu seiner Freundin ziehen und habe nur auf ihn gewartet, um ihm die Herrschaft über das Haus Usher zu überlassen. Als der Rothaarige gegangen war, lief Carlos von Zimmer zu Zimmer, lüftete und versuchte, wieder gefühlsmäßig in Besitz zu nehmen, was in seiner Kindheit sein Zuhause gewesen war. In einem der Räume saß seine Mutter in einem Rollstuhl. Er betrachtete sie durch die Gardine im Türfenster. Der Rothaarige hatte ihm erzählt, dass seine Mutter gern – auch wenn sie nichts mehr erkannte – vor dem Fernseher saß. So oder so gab es auf dem Fernseher, der ein völlig unscharf flimmerndes Bild in Rosa übertrug, nicht viel zu erkennen. Der Ton war ein gleichförmiges Rauschen, in dem ab und zu ein Wort zu hören war. Mit der Zeit kam Carlos der Gedanke, dass das, was man auf dem Bildschirm sah, dem, was das Gehirn seiner Mutter beherrschte, sehr ähnlich sein musste.

Morgens weckte er sie. Er hob sie aus dem Bett, wusch die Laken und hängte diese auf der Terrasse auf. Er wechselte ihre Windeln und wusch seine Mutter sorgfältig. Er kochte und fütterte sie, gab ihr die Tabletten, die ihr vom Arzt verschrieben worden waren: für den Kreislauf, für den Magen, für die Gelenke. Manchmal sagte die Mutter Herminia zu ihm. Manchmal Carlos: »Carlos, bist du's?« Wenn das Wetter gut war, schob er sie in den Patio und stellte sie in die Sonne. Der Winter rückte näher, die Tage wurden kürzer. Wenn es regnete, las er unter der Empore die Gesammelten Werke von Curzia Malaparte. Er las alles und ohne Unterbrechung: den *Ulysses* von Joyce in einer Woche; *Krieg und Frieden* in zwei; Papini in einer. Er hatte seine alte Bibliothek wiederentdeckt und dachte, dass Bücher genau wie Wein mit dem Alter besser werden. Eines Nachts klingelte das Telefon – in diesem Augenblick fiel ihm wieder ein, dass sie überhaupt eins besaßen –, und eine Stimme sagte zu ihm: »Hallo Ruchi.« »Wen wollen Sie sprechen?« »Wohnt bei Ihnen nicht Ruchi? Ist das nicht die 976933?« »Doch, aber hier wohnt niemand mit diesem Namen.« Der andere legte auf.

Wenn er sich schlafen legte, blitzten manchmal die Erinnerungen in ihm auf. Der dünne Spadaveccia. In seiner Jugend wurde er ›Großkotz‹ genannt, denn er lobte sich ständig selbst: sein fußballerisches Talent, seinen Schneid bei den Mädchen, einfach alles. Sein Vater war der Besitzer des Plattenladens *Das Haustier* an der Avenida Boedo, kurz vor der Kreuzung der Avenida San Juan. Doch der dünne Spadaveccia wurde bekehrt. Er verließ seinen Palast – ein herrliches Anwesen mit Schwimmbad –, und genau wie der Prinz Siddharta bemerkte er, dass es in der Welt Arme gab. Nächster Akt: Er trat in die peronistische Jugend, die JP, ein und schaffte es bis zum Anführer der Stadtteilgruppe an der Calle Maza, Ecke Estados Unidos. In dieser Zeit lernte er Carlos kennen. Der dünne Spadaveccia nahm ihn in die Organisation auf, führte ihn ein, zeigte, wie man die Slums abklapperte, um dort Sozialarbeit zu leisten, und gratulierte, als Carlos und seine Gruppe die Pueyrredón-Schule besetzten. Einmal wollte Carlos ihm seine Begeisterung für Giacometti erklären, aber der Dünne hatte keinen Sinn dafür. Eines Nachmittags stiegen sie mit allen Jungs aus der JP auf das Dach einer besetzten Fabrik und formten mit ihren Körpern ein J und ein P. Der dünne Spadaveccia stand in dem Bauch des J. Jemand schoss ein Foto, das in einer Illustrierten erschien. Jenes Foto diente später dazu, sie zu identifizieren, als die Dinge langsam gefährlich wurden.

Die Figuren von Giacometti kommen aus der Dunkelheit, schreiten durchs Licht und kehren in die Dunkelheit zurück. Giacometti fängt sie in dem flüchtigen Moment ein, in dem sie das Licht erreichen.

Manchmal erreichten ihn Nachrichten, die für eine Person bestimmt waren, die er einmal gewesen war. Man schickte ihm Kataloge aus Deutschland und Japan, wo seine Werke ausgestellt wurden. Und der Mieter aus der Calle Esparza zahlte ihm Miete. Er erinnerte sich nicht mehr an jenes Haus, in dem er mit seiner Frau und seinen Kindern gewohnt hatte, und auch wenn er sich anstrengte, erinnerte er sich nicht daran, jemals ein Bild gemalt zu haben. Er erinnerte sich aber, obwohl er es zu vergessen versuchte, dass er einen Mann entführt hatte, einen Unternehmer, der sich dem Vertrieb von tierischen Fetten gewidmet hatte. Und er erinnerte sich auch daran, dass er über die Dächer der Nachbarn gerannt war, mit einem Revolver in der Hand, der Spadaveccia hinter ihm, Kundari vor ihm, als Anführer, schreiend. Es machte ihm nichts aus, sich an all das zu erinnern, nicht, weil er vielleicht etwas bereut hätte. Er bereute nichts, er hatte sich nur entschieden, seine persönliche Geschichte auszulöschen. Er hatte ein Stahlscharnier geschmiedet, das sein Leben in zwei Hälften teilte.

Der Rothaarige kam zur Tür herein, gehetzt von dem Nieselregen, der schon fast vier Tage in den Knochen saß. Es war, wie die Mexikaner sagen würden, ein »kleiner Guss«. Der Rothaarige trug einen schwarzen Kapuzenpulli, auf dem das Logo einer Rockband über die Brust gedruckt stand. Die ebenso schwarzen Turnschuhe hatten Löcher. Da Carlos kein Lexikon der neuesten Jugendmode zur Hand hatte, fiel ihm am Gesamtbild des Jungen nichts Besonderes auf: Ein schwarzer Fleck (der Körper des Jungen), vermischt mit einem roten Fleck (seinen Haaren), ergab das Trikot der Newell's Old Boys. Der Rothaarige erklärte ihm mit seinem aufgeregt fiependen Stimmchen, er habe Probleme mit seiner Freundin gehabt und werde deswegen auf sein Angebot, bei ihm zu wohnen, zurückkommen. Sobald er einige anstehende Dinge erledigt habe, werde er ein Pensionszimmer mieten, das er schon besichtigt habe. Carlos baute ihm ein kuschliges Nest, damit er in dem Zimmer, das mit dem auf den Patio gehenden Bad durch eine Tür verbunden war, schlafen konnte. Mit der Rückkehr des Rothaarigen änderte sich die Luft im Haus. Eine Wolke schwarzen Tabakrauchs waberte durch die Zimmer, stand manchmal im Patio. In der ersten Nacht schlief Carlos über der Frage ein, an wen ihn das Gesicht des Jungen erinnerte. Und ein Lächeln überfiel ihn, als er sich bewusst wurde, dass der Rothaarige dem Jungen auf den Jorgito-Schokokeksen ähnlich sah.

Immer wenn Carlos die Erinnerungen hochkamen, tauchte auch Kundari auf: Wie er neben ihm rannte und ihm etwas zurief, während sie aus einem Scharmützel flohen, das in die Hose gegangen war. Kundari war ein Tier. In den Worten Spadaveccias ein äußerst furchtloser Kerl, den man immer gut kontrollieren musste, weil ihm das Denken schwerfiel. Kundari war knochig, trug eine Tolle, Schnauzbart und hatte große schwarze Augen. Er stank immer nach Schweiß. Als sich der Konflikt zuspitzte, zog er in den Süden. Aber er hielt es nicht lange aus und kehrte in die Hauptstadt zurück, wo er dank eines Kontakts, der überlebt hatte und später unter anderen Regierungen zum Millionär werden sollte, eine

Stelle als Aufseher in einer Sonderschule für Sitzenbleiber und Schüler mit schweren Verhaltensstörungen erhielt. Es war die Carlos-Pellegrini-Schule, aber alle nannten sie das Charly. Kundaris Karriere als Aufseher fand ein jähes Ende, als er einem Jungen, der ihm auf der Nase herumtanzte, einen Revolver an die Schläfe hielt und zweimal abdrückte. Die Waffe war nicht geladen, doch der Junge fiel trotzdem in Ohnmacht und brach sich einen Arm. Manche behaupten, dass es seinem berühmt-berüchtigten Kontakt gelang, ihn woandershin zu versetzen, und dass er nicht ins Gefängnis kam. Sicher ist nur, dass sich Kundaris Spuren nach der Entlassung aus dem Charly verloren.

Die Erinnerungen machten ihn neugierig. Er stand mit der Sonne auf und stieg auf die Terrasse hoch. Dort hatte sich früher sein Atelier befunden, das, als Herminia einzog, zur Waschküche mutierte. Er ging hinein und machte sich an ein paar Kisten zu schaffen, die sich an der Wand stapelten. Er schob sie unter Anstrengungen zur Seite. Er wusste nicht mehr, dass sie so schwer gewesen waren. Hinter den Kisten befand sich ein in die Wand gemauerter Kasten. Er öffnete ihn. Die Waffen lagen immer noch darin. Er fragte sich, ob Waffen genau wie Bücher mit der Zeit besser würden.

Der Rothaarige erzählte ihm, dass er sich als Roadie in einer aufstrebenden Rockband verdingte. »Bald haben wir Erfolg«, sagte er, »und das wird richtig gut.« Er erzählte auch, dass seine Freundin Rita heiße. Erzählte, dass er versucht habe, in einer technischen Oberschule zu studieren, aber dass er sich tödlich gelangweilt habe. Er las ihm einen Songtext vor, den er für die Band geschrieben hatte. Er hoffe, sagte er, dass er ihnen gefallen würde. Der Text handelte von einem Jungen, den sie den Drachen nannten, weil er, wenn er betrunken war, wild um sich spuckte. Dieser Junge verfügte auch über telepathische Fähigkeiten und konnte erraten, was die Leute dachten. Deswegen war er zu einem äußerst schweigsamen Typen geworden. Carlos erzählte dem Rothaarigen nichts über sein Leben. Er beschränkte sich darauf, nur das Nötigste mit ihm zu kommunizieren. Manchmal schickte er ihn los, um Essen einzukaufen oder eine Rechnung zu begleichen. Eines Tages, als er von dem Tabakgestank aufgewacht war, bat er ihn, nur noch im Patio zu rauchen. In einer anderen Nacht schreckte er im Morgengrauen auf und hörte eine Art Fiepen wie das einer Ratte, die mit einer tödlichen Falle rang. Er stand auf, trat auf den Patio hinaus und bemerkte, dass das Geräusch aus dem Zimmer des Rothaarigen kam. Er dachte daran, wieder umzudrehen und sich wieder in sein Nest zu legen, aber etwas brachte ihn dazu, an die Tür zu klopfen und einzutreten. Der Junge war nackt, kauerte an der Wand und weinte. Bröckchenweise erzählte ihm der Rothaarige mit seinem lächerlichen Stimmchen, dass ihn seine Freundin wegen des Bruders verlassen hatte. Und erklärte, der Bruder sei der Anführer einer Bande von Autodieben und Hehlern. Außerdem dealten sie mit Drogen. Dem Rothaarigen zufolge glaubte der Bruder, dass der Rothaarige ihn reinlegen wolle. »Reinlegen?«, fragte Carlos. »Ja, er denkt, dass ich ihm Drogen gestohlen habe und sie auf eigene Rechnung verkaufe.« »Hast du Drogen hier im Haus?«, fragte Carlos. »Nein, nein, ich nehm keine, im Ernst.« Doch der Bruder glaube ihm nicht. Und er habe Rita als Geisel genommen, um sie nur für sich zu haben. Er habe sie eingesperrt, eingesperrt, eingesperrt, wiederholte der Junge wie ein Mantra.

Carlos war zufrieden mit sich, er hatte erreicht, dass seine Mutter ihre Fußsohlen gegen das Bettgestell stellte und sich, auf den Rücken stützend, ein wenig hochstemmte, ein paar Zentimeter, sodass er ihr die Windel ausziehen und sie in aller Ruhe waschen konnte.

Wenn man ganz genau hinsah, konnte man auf dem Fernsehschirm zwei Figuren ausmachen, die einander ge-

genübersaßen, in eine Unterhaltung vertieft. Es musste sich um eine Interviewsendung handeln. Die Umrisse zogen sich in die Länge und schrumpften in einem regelmäßigen Flackern wieder zusammen. Er stellte das Gerät ab. Davor hatte seine Mutter schon im Schlaf das Kissen vollgesabbert. Er knipste in dem Zimmer das Licht aus und trat hinaus auf den Patio. Es regnete wieder und war kalt. Das Telefon klingelte. Als er den Hörer ans Ohr führte, hörte er, wie eine Stimme »Ruchi« sagte. »Ruchi, der Große Däne sagt, wenn du nicht alles herbringst, schickt er dir Ritas Arm per Post.« Der andere legte auf. Im Halbdunkel des Zimmers sah er, dass der Rothaarige aufgestanden war und über den Patio zu ihm lief. »Wer hat angerufen?«, fragte er nervös. Er trug Unterhosen und sah bescheuert aus. »Jemand, der irgendeinen Ruchi sucht, das ist nicht das erste Mal, dass jemand hier anruft und falsch verbunden ist«, sagte Carlos und ging in einem Bogen um den Rothaarigen herum, um sich in der Küche einen Kaffee zu kochen. Carlos und der Rothaarige setzten sich jeder an eines der Tischenden. Das mondartige Licht der Neonröhre flackerte. In der Halterung der Lampe sammelte sich ein Haufen toter Insekten. »Ich bin Ruchi«, sagte der Rothaarige. Ein langes Schweigen folgte, das nur von dem brodelnden Espressokännchen unterbrochen wurde. Der Mann stand auf, schenkte sich eine Tasse Kaffee ein und schob dem Rothaarigen dann eine zweite Tasse zu. »Ich bin Carlos Apaolaza«, sagte er und reichte ihm die Hand.

Es war merkwürdig. Der dünne Spadaveccia sagte, der Kundari sei gefährlich, weil er nicht nachdachte, aber wenn sie in ein Gefecht zogen, riet er Carlos, ohne nachzudenken voranzuschreiten. Alles war bereits millimetergenau geplant, statt selbst zu atmen, sollte man sich vom Atem der Aktion davontragen lassen.

Seine Eltern stammten aus Dänemark. Sie kamen zusammen mit den anderen Siedlern, um auf dem Land zu arbeiten. Nach einer Weile zogen sie in die Nähe der Hauptstadt und lebten unter sehr prekären Umständen. Der Vater starb, weil sein Magen aufgrund eines Geschwürs durchbrach, und seine Mutter heiratete wieder, einen Typen, der Erotikstreifen für den mittelamerikanischen Markt drehte. Das rettete sie schließlich vor dem Elend. Doch er drosch mit den Fäusten auf seinen Stiefvater ein und musste das elterliche Haus verlassen. In einer Bar, in der er immer zum Billardspielen ging, lernte er den Halcón kennen; der Mann sollte so etwas wie ein Ersatzvater für ihn werden. Schnell machte der Halcón ihn zum Anführer einer Bande, die gestohlene Autos umspritzte, um sie weiterzuverschachern. Dank eines Kontaktmanns bei der Polizei konnten sie sich ihr Hauptquartier in einer verlassenen Fabrik am Stadtrand zwischen Parque Patricios und Pompeya errichten. Es lief mehr als gut für ihn. Er hatte Geld in der Tasche, es war ihm gelungen, seine Schwester zu überzeugen, die Mutter zu verlassen und mit ihm zu arbeiten. Und seine Angestellten nannten ihn respektvoll ›der Große Däne‹. Wenn er das hörte, bekam er eine Gänsehaut. Denn er war, auch wenn er es überspielte, sentimental. Und das war es auch, was ihm zum Verhängnis werden sollte. Niemals würde er den Arm seiner Schwester per Post schicken, wie er dies gerne vor seinen Jungs herausposaunte. Er würde seine Schwester auch nicht mehr sehr lange unter der Bewachung der Arizona-Brüder gefangen halten. Er wollte, dass sie lernte, dass einem manche Dinge teuer zu stehen kommen und dass sie sich in die Sache mit dem Rothaarigen mit seinem lächerlichen Stimmchen verrannt hatte. »Es geht vorüber«, sagte er sich, an jenem Nachmittag, als er mit dem Türken, dem Mann seines größten Vertrauens, Playstation spielte. Sie befanden sich im Obergeschoss der Fabrik, in das man über eine Treppe gelangte, die in der riesigen Werkstatt noch unter freiem Himmel anfing; in besseren Zeiten hatten Lastwagen dort Waren angeliefert. Jetzt war sie voll mit Autos, die fachmännisch »geschminkt«, umgespritzt wurden. Neben den Sesseln, auf denen sie sich breitgemacht hatten und die Spielfiguren über den Bildschirm bewegten, saß Luque, ein Strauchdieb, der die ganze Zeit über mit dem Walkman Musik hörte. Er wackelte im Rhythmus der Musik mit den Beinen und lümmelte in einem kaputten Sofa. Pappo sang *Der 16-Uhr-Zug.* »Ich will nur mit dir Liebe machen / Und gemeinsam unter der Sonne spazieren gehen.« Und genau da, zwischen diesen beiden Versen, hörte man die erste Explosion. Luque hörte sie nur gedämpft, als würde sie sich in ein paar Kilometer Entfernung ereignen. Aber er sah, wie der Große Däne und der Türke sofort aufsprangen. »Aber wir werden zusammen sein bis zum Sonnenaufgang«, sang Pappo, als der Junge, der die Werkstatt bewachte, keuchend und blutend ins Zimmer stürzte. »Da unten ist ein Scheißverrückter! Er hat einen Molotowcocktail geworfen!«, schrie er und sackte vor dem Großen Dänen zusammen. »Es ging unglaublich schnell«, sollte sich Luque Jahre später immer wieder erinnern. Der Große Däne und der Türke versuchten, nach den auf dem Schreibtisch liegenden Waffen zu greifen, doch der Kerl, der jetzt im Türrahmen stand – Luque wird sich immer an das gegelte, nach hinten gekämmte glänzende Haar erinnern –, hatte zwei verfluchte Revolver in den Händen und schoss wie Trinity, der Cowboy aus dem Western. Peng! Peng! Und der Türke zu Boden. Peng! Und der Große Däne auf den Knien mit zwei Kugeln in den Beinen. Peng! Und eine exklusiv für Luque mit dem Kopfhörer auf den Ohren!

Die Arizona-Brüder starben noch beim Verdauen, fielen über den Essensresten in einen Winterschlaf. Der Große Däne mit seinen verletzten Beinen wies ihnen in einem umgespritzten Auto den Weg zu dem anderen Ort. Immer wieder blickte er aus dem Augenwinkel verstohlen zu dem Kerl hinüber, der auf ihn zielte, während der Rothaarige am Steuer saß. Sein Haar glänzte vor Pomade. Er hatte ihn in seinem ganzen verdammten Leben noch nie gesehen.

Der Rothaarige machte es sich auf seinem Platz in einem Reisebus bequem. An seiner Seite schlief Rita, das Gesicht gegen die Fensterscheibe gelehnt. Aber er konnte auf diesen Scheißsitzen, die sich nur ein wenig nach hinten klappen ließen, nicht einschlafen. Die Lichter waren aus und alles war von einem Fernsehschirm beleuchtet, auf dem ein schwachsinniger Film lief. Weit weg davon wechselte eine Frau einem Rotkardinal das Wasser. Das Mikrogehirn des Vogels wurde von Bildern gestört, die es nicht entschlüsseln konnte, für die es in seiner Vogelwelt keine Übersetzung gab. Diese Bilder ließen ihn von einem Ende des Käfigs zum anderen springen. Er konnte nicht wissen, dass er in einem anderen Leben, vor der Wiedergeburt in diesem Verschlag, Kundari geheißen hatte.

übersetzt von Timo Berger

Cecilia Pavón
Postmarxistische Theorie des Unglücklichseins

Alles, worüber ich schreibe, haben mir meine Freundinnen erzählt. Ich selbst habe nichts davon erlebt. Weder bin ich verheiratet gewesen, noch hatte ich Liebhaber oder Internetbekanntschaften, noch habe ich mir je einen Typen in der Disco geangelt, geschweige denn irgendwo anders. Schon als kleines Mädchen wusste ich, dass ich mein Leben dem Schreiben widmen und aus diesem Grund nie ein normales Liebesleben führen würde. Doch die Welt hatte sich blitzschnell verändert, und von einem Tag auf den anderen führte plötzlich niemand mehr ein normales Liebesleben. Somit war ich nichts Besonderes mehr, sondern eine von Hunderttausenden, die auf eine Partnerschaft verzichteten. So wurde mein Leben langsamer. Oder schneller; in solch einer Situation lässt sich das unmöglich sagen. Und in dieser Langsamkeit – oder Schnelligkeit –, weich wie eine Daunendecke, die zu einem Fallschirm umfunktioniert wird, ließ ich mich fallen. Und ich fiel und fiel und fiel ... wie in einer Schokoladenwerbung. Schnell hatte die Decke wieder ihre ursprüngliche Funktion angenommen und ich hüllte mich in dieses warme Nest, und dort blieb ich für immer – zu Hause oder in der Literatur, was fast das Gleiche war, da in meinen vier Wänden die Wörter der anderen lebten und wiederauferstanden. Und die beste Literatur findet man nicht im Buch selbst, sondern in dessen Eigenleben.

Alles, was mir meine Freundinnen erzählen, finde ich interessant, ob es um Liebe geht oder um etwas anderes. Wobei es meistens um Liebe geht, denn worüber soll man sonst reden? Gibt es irgendein Gesprächsthema, das nicht auf die Liebe hinausläuft? Politik vielleicht, aber da blickt ja längst keiner mehr durch. In einem sanft wippenden Schaukelstuhl aus Buchenholz, den ich von meiner Großmutter geerbt habe – zu Zeiten, in denen es noch ausreichend Treibstoff gab, um die ganze Welt zu bewegen –, schaue ich auf die Stadt und telefoniere. So verbringe ich meine Tage und bin glücklich. Nicht, dass das originell wäre, auch in dieser Hinsicht unterscheide ich mich nicht vom Rest der Menschheit. In Wirklichkeit gibt es doch kaum etwas anderes zu tun, als sich zu unterhalten (außer natürlich, sich zu verlieben). Die Energie der gesamten Welt geht zur Neige, und alles verändert sich schnell wie ein Orkan. Zum Beispiel gibt es kaum noch Industrie, und der Arbeitsmarkt liegt komplett darnieder. Obwohl wir noch die Gegenstände der vorigen Epoche besitzen, sind wir uns dessen bewusst, dass keine Möglichkeit besteht, sie zu ersetzen, sobald sie kaputt sind – mit Ausnahme der vielen Geräte, die wir zur Kommunikation verwenden. Die Weltregierung hat beschlossen, dass mit dem verbleibenden Erdöl nur noch Computer, Mobiltelefone und Satelliten hergestellt werden, bis eine alternative Energiequelle entdeckt oder erfunden worden ist.

Und durch Computer, Mobiltelefone und Satelliten fließt widerstandslos die Liebe. Das ist das Schöne an der Zukunft. Nicht nur der fehlende Kunststoff hat die Welt verändert, die eigentliche Veränderung hat im Liebesleben stattgefunden. Keiner möchte beispielsweise mehr heiraten oder Kinder bekommen (und aus diesem Grund habe ich, wie schon gesagt, nie geheiratet, und bin auch kein schräger Vogel, sondern ganz normal). Selbst wenn man heiraten wollte, dann könnte man es nicht, denn der Staat ist kein Garant für derartige Verbindungen mehr. Niemand kennt den genauen Zusammenhang dieser beiden Tatsachen (die Sozialwissenschaften sind nicht mehr existent), doch die Industrie ist untergegangen und hat die Ehe mit in den Tod gerissen. Die Leute verspüren nicht mehr den Wunsch nach ewiger Liebe, sie wollen sich verändern, wollen wachsen, wollen ausprobieren. Paare bleiben im Durchschnitt nur zweieinhalb Jahre zusammen, was die Wissenschaft ihrerseits zu einer biologischen Gesetzmäßigkeit erklärt hat. Die Hormone bestimmen unser Leben, die Religion ist von der Erde verschwunden. Obwohl einige alte Menschen noch an der überkommenen Ordnung hängen, werden archaische Gefühle wie Eifersucht immer seltener: Wenn jemand, ob Frau oder Mann, dem anderen in aller Öffentlichkeit eine Szene macht, sinkt die Wahrscheinlichkeit, jemals wieder von irgendjemandem geliebt zu werden. Oder sie mutieren, bis sie zu ähnlichen, lediglich erneuerten Varianten dieser primitiven Gefühle werden. Harmlosere, unbeständigere Formen, die nicht so tragisch oder verletzend sind, und daher viel interessanter; Gefühle sozusagen, die näher am Unendlichen liegen – danach strebt die heutige Gesellschaft. Zum Beispiel sind die Leute zwar noch eifersüchtig, doch diese Empfindung wird nicht mehr mit etwas so Plumpem bezahlt wie dem Besitz, vielmehr wird sie verknüpft mit der Geometrie, dem gesellschaftlichen Ansehen, dem Glück des Moments. Mit etwas, das in der früheren Epoche für völlig unbedeutend gehalten worden wäre, dem Look. Durch alle Gesellschaftsschichten zieht sich mittlerweile eine wahre Begeisterung, sich nach der Mode zu richten. Alle wollen an diesem Spiel teilnehmen: mithilfe von Kleidungsstücken subtile Aussagen verschlüsseln und entschlüsseln. Aber im Unterschied zum Konsumzeitalter gibt es heute keine Klamottenläden mehr. Die neuen Kleidungsstücke werden alle aus alten hergestellt, die man unter Bekannten und Nachbarn tauscht. Als sich die Energiereserven erschöpften, waren weltweit so viele Kleider in Umlauf, dass man noch für Jahrhunderte versorgt ist. Frauen wie Männer haben gelernt zu nähen, und die Eifersucht, die man früher von Liebespaaren kannte, gründet heute ausschließlich auf der Kunst, sich schön anzuziehen, oder auf der Anzahl an Komplimenten, die man für diesen oder jenen Look bekommt. Diese neue Art der Eifersucht ließe sich vergleichen mit dem, was man in der vorigen Epoche unter dem Begriff ›Arbeitseifer‹ in der Ehe kannte, wobei diese neuere Form nichts mit Karriere zu tun hat, also nichts mit einer möglichen Zukunft (hauptsächlich, weil es keine Berufe mehr gibt, auch keine Geldanlagen), sondern allein mit der Gegenwart: Hier und jetzt muss man glänzen. Es ist beinahe Pflicht.

Hier und jetzt glänzen. Leuchten. Sich in eine Symphonie von Formen wickeln, in das sanfte Tuch, das früher oder später mit der Haut Verstecken spielt oder, wie die Modedesigner des 20. Jahrhunderts unermüdlich betonten, zur zweiten Haut wird. Das ist es: Alles dreht sich um den Versuch, eine zweite Haut zu bekommen. So legen sich die Formen und Farben wie eine Aura um uns. Davon sind wir fasziniert. Mode hat in unserem Sozialverhalten eine zentrale Rolle eingenommen. Eine so wichtige, dass es fast nur von der Kleidung abhängt, einen Lebensgefährten zu finden. Und die Kleidung ist nicht mehr etwas, das in einem bestimmten Moment ganz sicher auf dem Boden landet, sondern Mittelpunkt einer jeden Beziehung. Es gibt sie seit Jahrhunderten, aber die Leute haben erst jetzt begriffen, dass die Liebe nicht eine Sache zwischen zwei Personen ist, und erst recht nichts, was sich im Bett verhandeln lässt. Die Liebe ist ein komplexes Gleichgewicht zwischen den endlosen Zeichen und Bedeutungen, die uns am Leben halten, und diese Signale sind so sehr ein Teil von uns geworden wie unsere Haarfarbe oder der Schnitt des Rocks, den wir anziehen. Die Menschheit musste über Jahrzehnte hinweg eine seltsame Blütezeit der Nacktheit ertragen. Aus irgendeinem Grund, der ungeklärt blieb – es existieren ja weder Sozialwissenschaften noch Psychologie mehr –, wurden mehrere Menschengenerationen der letzten Jahrzehnte des 20. Jahrhunderts in dem Glauben geboren, dass die Grenzen ihrer

Person mit den Grenzen ihres Körpers übereinstimmten, und dass es ›natürlicher‹ sei, nackt herumzulaufen. Heute wissen wir, dass wir in Wahrheit nichts anderes sind als eine Verlängerung der Gegenstände, die wir benutzen, oder eine weitere Stufe in dem endlos dialektischen Spiel lebloser Objekte, halbanimierter und Menschen. Heute betrachten wir uns nicht mehr als das, was man früher als ›Subjekt‹ bezeichnete (Subjekt in Bezug worauf?). Kein Mensch denkt mehr, er sei in seinem Geist eingeschlossen und allein, wie es in den vergangenen Jahrhunderten viele geglaubt hatten. Wir sind alle durch unsichtbare Fäden verbunden, denn das Zweitwichtigste, das gleich nach der Mode kommt, ist die Konversation. Wir glauben, das Unendliche liege in der Sprache. Und genau wie die Mode gehört die Sprache niemandem allein, jeder kann sie benutzen. Von Bedeutung ist weder, was gesagt wird, noch wer es sagt, wichtig sind die klangvoll aufblitzenden Nuancen der Wörter an der Oberfläche eines Gespräch. In dieser Welt, hier und jetzt, gibt es also keine Inhalte mehr, allein die Form zählt.

Untreue zum Beispiel gibt es nicht oder nur als Thema einer Diskussion. Apropos, heute Nachmittag hat mich Gabriela angerufen, und wir haben mehrere Stunden telefoniert. Sie erzählte mir, dass ihr das Tagebuch ihrer Großmutter in die Hände gefallen sei, in dem diese von ihren Liebesabenteuern hinter dem Rücken des Großvaters berichte, und dass sie beim Lesen eine Art Nostalgie verspürt habe.

»Ich will überhaupt nicht sagen, dass ich gern jemanden hintergehen würde«, sagte sie, »darum geht es mir nicht. Obwohl unter den Sätzen meiner Großmutter einer war, der mir sehr gefallen hat. Ich hab ihn mir sogar abgeschrieben, weil er so leidenschaftlich klingt, dabei weiß ich nicht genau, worum es geht: ›Die Liebe blüht nur auf dem Boden der Untreue.‹ Übrigens, wenn wir uns das nächste Mal treffen, könnten wir Folgendes spielen: In den Bücherregalen unserer

Vorfahren nach Sätzen suchen, deren Bedeutung wir nicht verstehen, die aber gut klingen, und sie uns gegenseitig vorlesen. Das macht bestimmt Spaß. Aber wo war ich stehengeblieben? Wonach ich mich sehne – obwohl ich weiß, dass es nie in Erfüllung gehen wird –, ist die Leidenschaft, mit der die Frauen der vorigen Epoche fremdgegangen sind. Dieses Gefühl, etwas aufregend Neues zu erleben. Das Tagebuch meiner Großmutter zu lesen hat bei mir den Eindruck geweckt, dass die Frauen immer zur Untreue bereit waren. Als ob die Ehen zweitrangig gewesen wären, ihre Verhältnisse dagegen die Hauptsache. Sie taten es ohne Schuldempfinden, obwohl sie vorspielten, eines zu besitzen, um der drohenden moralischen Ächtung zu entgehen. Der Reiz lag nicht im Verbotenen, wie man leicht annehmen könnte. Sie taten es auch nicht, um ihre Ehemänner auf sich aufmerksam zu machen, wie man sonst denken könnte. Nein, der Entschluss zum Ehebruch hatte nicht diesen üblen Beigeschmack; die Untreue unserer Großmütter war nichts anderes als ein Mittel zum Zweck. Ein eigenschaftsloses Artefakt, das sie einsetzten, um andere Ziele zu erreichen, und das sich jedes Mal mit einem neuen Sinn füllte. Und sie taten es für sich selbst, nicht für die anderen. Ich les dir ein Stück vor:

›Als ich die Wohnung von X betrat, wusste ich, die Zeit würde stillstehen. Der spartanisch eingerichtete, aber komfortable Raum, der Blick auf den Fluss, die Stille, die eine ganz andere war, als ich sie kannte, das schlichte Muster der Tapete, das Echo in der Ferne, wie ein aufheulender Zug, die Perlmuttstiele der Löffelchen, mit denen wir den Kaffee umrührten, der betörende Duft der Seife … Ich könnte diese Liste ewig fortführen und tausendmal wiederholen, denn sobald ich zu seiner Tür hereintrete, wird die Zeit weich und rund, und diese Gefühle prägen sich mir auf besondere Weise ein. Ich verehre seine Sachen, die Stimmung, die sie verbreiten, und will sie zumindest für ein paar Stunden in

Besitz nehmen. Nach ein paar Minuten löst sich das Gefühl auf, bleibt aber verborgen in einem Teil von mir zurück und begleitet mich jede Sekunde, als würde eine doppelte, parallele Zeit sich meines Herzens annehmen, als könnte ich mich verdoppeln und zwei María Luisas sein, gleich und doch anders.‹ Merkwürdig, dass sie weniger von ihrem Liebhaber als von Dingen und Stimmungen spricht. Ich habe das Tagebuch von vorne bis hinten durchgelesen, auf der Suche nach weiteren Angaben zu dem ominösen X, einer Beschreibung seines Wesens oder seines Aussehens oder der Art, sich zu bewegen, aber vergeblich. Das bringt mich zu dem Schluss, dass es in dieser Beziehung gar nicht so sehr um die Liebe zu ihm ging, sondern dass ihre Untreue einen anderen Grund hatte. Wonach sie in den Häusern verschiedener Männer suchte, da bin ich mir sicher, war nichts anderes, als die Zeit zu vervielfachen. Die Häuser vervielfachen, die Räume wechseln, diese Vielfalt in Liebe zu tauchen. Diesen Vorgang nannte sie ›Stimmungen besitzen‹. Im Grunde genommen suchte meine Großmutter das Unendliche in einer Epoche ohne Unendlichkeit. Und die Untreue war nichts anderes als eine Eintrittstür. Für uns ist das schwer nachzuvollziehen, da wir nur das Vorübergehende kennen, eine nach den eigenen Wünschen ausgerichtete Zeit ohne Davor oder Danach, eine Zeit, die sich von kleinen Aussetzern unterbrochen entfaltet, von unserer Geburt an bis zum Tod. Für unsere Großmütter dagegen war die Zeit Gesetz. Sie waren gezwungen, die Tage und Stunden genau zu messen und ebenso die Wochen und Monate. Und die Ehe war eine der strengsten Formen, diese Zeit einzuteilen. Daher brauchten die Frauen (und der Rest der Menschheit) gewisse Praktiken, um die flüchtigen Empfindungen auszukosten, die heute unseren Alltag bestimmen.«

Ich dachte über Gabrielas Worte nach, und nach ein paar Minuten Schweigen sagte ich ihr, dass ich genau weiß, was sie meint.

»Die Untreue bedeutete für unsere Großmütter, sich ihre Freiheit zu nehmen, was nichts anderes ist, als mit ihrer Zeit zu experimentieren. Heute, in einer sprunghaften Zeit, sind wir alle frei, doch bis ins Jahr 1996 überdauerten Begriffe wie ›ewig‹ und ›fest‹. Man hat sogar in einer Zeremonie geheiratet, die besagte ›bis der Tod euch scheidet‹ oder so ähnlich. Absurd zu glauben, dass solch eine Folter mit Liebe zu tun haben könnte. Auf der anderen Seite muss man bedenken, dass diese Ausrichtung auf die Ewigkeit ganz sicher zu der Vorstellung von Veränderung führte. Das muss in 99 Prozent der Ehen so gewesen sein.«

»Vielleicht wollte meine Großmutter, wer weiß, nur an die Möglichkeit glauben, die Vergangenheit auszulöschen, zu vergessen. Diese ›Stimmungen‹, von denen sie schreibt, sind auch eine Form, die Erinnerungen zu verdrängen. Eine kultivierte Form der Droge. Während sie bei ihrem Liebhaber war, verschwanden die Erinnerungen an ihren Ehemann auf magische Weise. Warum musste sie für die Folgen einstehen, die ihr die Ehe eingebrockt hatte? Jahre mit dem gleichen Mann, an den gleichen Orten, Jahre, in denen sie sich die gleichen Sätze unter den gleichen Umständen anhören musste. So glücklich diese Momente gewesen sein mögen, warum musste sie sich an sie klammern, als seien sie ein fester Punkt ihrer Biographie? Sie musste vor all dem davonlaufen. Und es war nur eine Frage der Form. Heute wissen wir das: Wir leben, um dem Leben zu entfliehen und umherzuwandeln und immer neu anzufangen.«

In diesem spannenden Moment des Gesprächs erinnerte mich Gabriela daran, dass ich nie verliebt war, doch sie sagte das nicht, um es mir vorzuwerfen oder meine Argumente zu entkräften (niemand räumt der Erfahrung mehr Bedeutung ein als der Spekulation), sondern ganz einfach, um unserer Unterhaltung eine neue Wendung zu geben, sodass wir sie lebhaft bis in die Abenddämmerung fortsetzten.

»Du selbst hast dich nie verliebt, was denkst du über jemanden, der alle zwei Wochen den Liebhaber wechselt?«

»Ich glaube, dass diese Übergänge schmerzhaft sein müssen. Und aus dem Grund bin ich sicher, dass die partnerschaftliche Liebe bald verschwinden wird. Alles deutet darauf hin. Ich verstehe wirklich nicht, warum diese Form der Liebe einen so guten Ruf genießt. Obwohl sie auf der anderen Seite vielleicht weiterbestehen wird. In meinem Leben, das für das Glück bestimmt ist, ist kein Platz für so etwas. Bis jetzt habe ich nicht das Gefühl, mich geirrt zu haben. Meine Art zu lieben gründet ausschließlich auf Briefwechsel. Eine Beziehung einzugehen würde mir das Gefühl geben, meine Ideale zu verraten. Durch die Briefe ist die Verführung unendlich, und das beruhigt mich. Ob die Frauen in der Epoche unserer Großmütter die Freiheit hatten, so viele Briefe zu schreiben?«

»Es ist auch sehr schwierig zu entscheiden, was die Männer von damals dachten und empfanden, weil das männliche Geschlecht sich am stärksten verändert hat. Während wir den größten Teil der Eigenschaften behalten haben, die wir immer hatten, haben sie sehr viele verloren und Züge entwickelt, die in ihrer psychischen Struktur nur latent vorhanden waren.«

»Sie sind nicht mehr aggressiv.«

»Und sind mehr zu Beschützern geworden.«

»Heute klingt es für uns unfassbar, aber früher hatten Männer Probleme damit, ihre Gefühle zu zeigen. Die einfachsten Sätze, die ohne Umschweife lebensnotwendige Gefühle mitteilen, sind ihnen schwergefallen. Ich lese dir eine Passage aus dem Tagebuch vor, die genau diese Situation widerspiegelt: ›Nachdem wir uns geliebt hatten, war Juan Carlos still, als gäbe es nichts zu sagen. Ich schaue zur Seite, seufze, im Geiste und in meinem Herzen fallen sie wie Regentropfen, diese magischen Wörter, die er so selten hervorgebracht hat: Ich liebe dich, ich liebe dich, ich liebe dich. Wenigstens spreche ich sie aus, wie um ihr Fehlen von seiner Seite zu bannen.‹«

»Die Arme, es muss schrecklich gewesen sein, so jemanden lieben zu müssen.«

»Vielleicht hat sie ihn schon nicht mehr geliebt, musste aber weiter mit ihm zusammenleben. An einer anderen Stelle erzählt sie, dass ihr Mann nie den Satz ›Ich vermisse dich‹ gesagt hat, wenn er verreist war (wie du weißt, ist man in jener Epoche viel gereist, vor allem die Ehemänner) und sie anrief, um ihr mitzuteilen, dass er gut angekommen sei. Oder wenn er ihn aussprach, kam er nie spontan, sondern klang wie eine Pflichtübung.«

»Ich frage mich, warum sie bei ihm geblieben ist.«

»Keine Ahnung.«

»Erschließt sich das nicht aus dem Tagebuch?«

»Nein.«

An dieser Stelle schwiegen wir, und ohne uns »Tschüss« zu sagen, beendeten wir unser Gespräch. Einfach aufzulegen, ohne sich zu verabschieden, ist ziemlich neu, und es gibt noch Leute, die böse werden, wenn es jemand macht. Das finde ich aber lächerlich, denn was hat ein förmlicher Abschied einem Gespräch schon hinzuzufügen? Überhaupt nichts. Heutzutage sagen wir hundertmal »Ich liebe dich«, doch wir sagen nicht mehr »Tschüss«. Sinnvoller als diese leeren Phrasen auszusprechen, ist es doch, am Tonfall unseres Gesprächspartners den Wunsch zu erkennen, die Unterhaltung zu beenden, diesen Moment, in dem es an der Zeit ist, den Mund zu halten und sich etwas anderem zuzuwenden.

übersetzt von Sarah Otter

Juan Diego Incardona
Angriff auf Villa Celina

Am 5. November 1992, fast drei Jahre und vier Monate nach dem Amtsantritt von Präsident Carlos Saúl Menem, genau drei Jahre vor dem Anschlag auf die Waffenfabrik in Río Tercero, 19 Monate, nachdem das Gesetz über die Konvertibilität des Austral beschlossen wurde und 53 Tage vor der Privatisierung der staatlichen Erdgasgesellschaft, wurde ein zwielichtiger Plan ausgeführt, der bis zum heutige Tage straffrei und der Öffentlichkeit verborgen geblieben ist: ein Sabotageakt, eine Verschwörung gegen das malerischste Viertel im Südwesten von Groß-Buenos-Aires.

Am 6. November, einen Tag nach dem Angriff, wurde *La Voz de San Justo*, die einzige Zeitung, die über das Ereignis berichtet hatte, umgehend von den Behörden zensiert, und damit fiel die Nachricht, die nun von keinem Presseorgan mehr verbreitet wurde, der Zensur zum Opfer, obwohl Protestmärsche der Anwohner und gewaltsame Zusammenstöße mit den Sicherheitskräften den Frieden, der gemeinhin in den Gassen herrschte, im Verlauf jener Woche weiter störten. Es waren Arbeiterviertel, in denen meine Freunde und ich unter der Herrschaft der Asphaltpiraten und fliegenden Taschendiebe aufgewachsen sind. Am Morgen hatte die Zeitung noch getitelt:

VIERTEL VON GROSS-BUENOS-AIRES
UM HAARESBREITE VON DER LANDKARTE GEFEGT

Aber besser erzähle ich Schritt für Schritt und nochmal von vorn: Es war an einem Donnerstag, und die Jungs und ich ruhten uns an der Calle San Pedrito, Ecke Giribone aus. Es war gegen vier Uhr nachmittags. Die Hitze ließ langsam nach.

Kurz zuvor hatten wir unser Kartenspielen und das Bier-
trinken unterbrochen, weil Tito und die Bolivianer uns gebeten hatten, ihnen zu helfen, ein paar Kisten, die sie am Zen-
tralmarkt abgeholt hatten, auszuladen. Dafür bekam jeder
von uns ein paar Orangen und Bananen geschenkt. Wir waren fertig, im wahrsten Sinne des Wortes, und legten uns im
Schatten auf die faule Haut. Wir hatten nicht einmal mehr
die Kraft, uns über den üblichen Kram zu unterhalten, ob
José mit Laura geknutscht hatte, ob Pachuli und Rober sich
geprügelt oder Tino Amadito sich das Schienbein gebrochen
hatte. Im Gegenteil, wir redeten über gar nichts: Die Gang
blickte schweigend auf den goldenen, hochgewachsenen Rasen,
den Bolzplatz auf der anderen Straßenseite, dieses Paradies
für Hasen, Meerschweinchen, Rebhühner und Rotzbengel.

Auf einmal kam Wilmer vorbei, der mich in der Gruppe
der liegenden Jungs übersehen hatte. Als er mich dann doch
entdeckte, wurde er kreidebleich. Es war nicht lange her,
dass wir vor Josés Hausfarm Monopoly gespielt hatten. Ich
zog ihn auf, und er flippte richtig aus. Das ging so weit, dass
wir mit Fäusten aufeinander losgingen und er mächtig ein-
stecken musste. Aber unglaublich, auf einmal hat dieser Kerl
doch einen der herumliegenden Ziegelsteine aufgehoben und
ihn mir auf den Kopf geschlagen. So endete unser Streit. Ich
rannte mit blutendem Gesicht nach Hause. Aber es war halb
so schlimm: Im kleinen Saal des Urquiza-Krankenhaus ge-
nügten zwei Stiche. In den folgenden Monaten war Wilmer
wie vom Erdboden verschluckt. Er hatte anscheinend Angst
vor mir und wollte mir nicht über den Weg laufen. Aber jetzt
gab es keine Ausflüchte mehr, ich hatte ihn direkt vor mir.
Wilmer kam auf mich zu und streckte mir die Hand entgegen. Ich sah ihm eine Weile in die Augen und unternahm
nichts, während die anderen die Situation gebannt verfolg-
ten. Schließlich reichte ich ihm die Hand. In Wahrheit war
ich gar nicht so wütend auf ihn. Wir waren in einer Rauferei

aneinandergeraten, mehr nicht. Gerade als wir dabei waren, uns zu versöhnen, hörten wir auf einmal ein fürchterlich ohrenbetäubendes Donnern. »Was war das denn?« Wir standen alle auf. Die Leute verließen ihre Häuser. Kurze Zeit später hörte man ein ebenso starkes Donnern, und diesmal folgte das Geräusch klirrender Scheiben. »Scheiße, Mann, was ist denn da los?«

In der Calle Giribone standen schon alle auf der Straße. Drei, vier Minuten verstrichen. Nicht eine Mücke war in der Luft. Den Detonationen war eine angespannte Stille gefolgt, die sich in den stummen und erwartungsvollen Gesichtern der Anwohner widerspiegelte. Und dann ging es richtig los.

Buuuuummm! Buuuuummm! Buuuummm! Buuuummm! Eine Explosion stärker als die andere. Wir warfen uns zu Boden. Es war wie im Krieg. Niemand wusste, wie ihm geschah. Wir hörten nichts außer den Detonationen, die alle anderen Geräusche verschluckten, bis wir plötzlich klar und deutlich mitten in dem Tohuwabohu einen Schrei vernahmen: Rosa, die Mutter von Claudio, lehnte sich aus dem Fenster und warnte:

»Die Heizkörper sind explodiert!«

Alle rannten wie wild durcheinander. An der Ecke Ugarte tauchte mein Vater auf. Er war auf der Suche nach mir und rief mich zu sich. Ich rannte zu ihm. Er sagte, dass unsere Küche in die Luft geflogen sei. Meine Mutter habe Pizza zu Abend gemacht. Der Ofen sei angewesen, aber ihr sei nichts passiert, weil sie gerade im Esszimmer die Vorabendserie gesehen habe.

Juanita rannte völlig außer sich auf die Straße:

»Gioanino, Gioanino, Juanegriego, acqua per il fuoco!«

Bei ihr hatte der Durchlauferhitzer Feuer gefangen; jetzt brannte der Dachstuhl. Der Dickkopf von Adrían und ich betraten ihr Haus, aber zum Glück hatte Tino – Juanitas Sohn – die Flammen schon mit ein paar Eimern Wasser erstikt. Eine ihrer Katzen rannte mit einem glimmenden Schwanz über die Terrasse. Der Dickkopf und ich brachen in herzhaftes Lachen aus, aber das verging uns sehr schnell: Kaum waren wir wieder auf der Straße, sahen wir, dass die Lage ziemlich heavy war, dass sich uns auf der Ugarte ein apokalyptisches Szenarium bot. Ein paar Menschen schrien um Hilfe, andere kümmerten sich um die Opfer. Es herrschte ein riesiges Durcheinander, aber dank meinem Alten, der die Leute organisierte, bildeten wir rasch eine Löschkette. Zuallererst mussten wir einen Schwelbrand an Pichis Kiosk löschen. Pichi war verzweifelt. Schläuche, Eimer, Schüssel, Kochtöpfe, Bottiche und andere ähnliche Behältnisse machten unglaublich schnell die Runde, bis der Brandherd unter Kontrolle gebracht zu sein schien. Doch das Feuer loderte plötzlich erneut auf, ließ eine Gasflasche explodieren und versengte Julios Vater den Arm. Eilig brachte man ihn in die Notaufnahme.

Endlich gelang es uns, das Feuer an Pichis Kiosk zu löschen. Doch sie hörte nicht auf zu schreien: »Ich kann nicht, ich kann nicht!« In dem Moment kam meine Schwester María Cecilia angelaufen, um mir zu sagen, dass Tante Nera angerufen habe: Im Gebäude Nummer 7 stünden Wohnungen in Flammen, und die Feuerwehr würde nicht kommen. Sie erzählte, dass auch Fabián angerufen habe, weil er für das Löschen von brennenden Villen an der Straße ins Urquiza-Viertel Hilfe benötigte; ob die Jungs und ich nicht dorthin kommen könnten. Aber wir hatten hier unsere eigenen Probleme und blieben. Villa Celina war Katastrophengebiet. Doch das ganze Ausmaß wurde uns erst am nächsten Morgen vor Augen geführt. Das Schlimmste ereignete sich, wie mir erzählt wurde, in den Estrella-Hochhäusern an der Autobahn Richieri: Dort hatte es viele Verletzte gegeben.

Als wir mit Pichis Kiosk fertig waren, mussten wir Antonia helfen, die in höchster Gefahr war. Natürlich hatten wir zu diesem Zeitpunkt schon bemerkt, dass Gas das Problem war. Der Druck war unheimlich stark angestiegen. Überall schrien die Leute:

»Dreht den Gashahn ab!«

Allmählich wurden die Explosionen weniger.

Man hörte die ersten Sirenen. Die freiwillige Feuerwehr von Tapiales brachte die Feuersbrunst schließlich unter Kontrolle. Es gelang ihnen, die Gasversorgung des ganzen Viertels zu unterbrechen, indem sie mit Äxten die Maschendrahttüren der Gasstation in der Calle San Pedrito zwischen Caaguazú und Olavarría aufbrachen. Ihr ist es also zu verdanken, dass die Brände gelöscht wurden.

Zweifelsfrei war der Auslöser des Ganzen ein Sabotageakt.

Am nächsten Tag gab es in der Calle Chilavert eine riesige Protestversammlung, über die kein Medium berichtete und die in einer Straßenschlacht – wie ich sie so noch nie gesehen hatte – zwischen verfeindeten Teilen der »Gerechtigkeitspartei« endete. Die Anhänger des »Authentischen Peronismus«, die ihre Zentrale in der Calle Blanco Encalada in der Stadtteilgruppe »Eva Perón« hatten, wurden auf dem Bürgersteig vor der Provinzbank angegriffen. Unter den Verletzten befanden sich zwei Freunde von uns: der Uruguayer, der am Arm von einer Kugel getroffen wurde, und der dicke Gabriel, den meine Mutter und ich zu Hause verarzten mussten, weil ihm durch einen Messerstich tiefe Wunden im Bein zugefügt worden waren.

Langsam flauten die Proteste ab – im selben Maße, wie neue Elektrogeräte an die betroffenen Nachbarn ausgegeben wurden, die man sich in der Halle der Gemeindeverwaltung an der Ecke Ugarte und Caaguazú abholen konnte. Was für eine Ironie: Im darauffolgenden Monat, in der Silvesternacht, stand diese Halle in Flammen. Feuer war vermutlich durch einen Feuerwerkskörper ausgelöst worden. Doch niemand machte Anstalten, den Brand zu löschen, obwohl wir alle davorstanden und auf die Flammen blickten, die schließlich von selbst verlöschten, wie das alte Jahr …

übersetzt von Timo Berger

Ariel Magnus

Der Chinese auf dem Fahrrad

O Mann, das war alles voll durchgeknallt, ich fahr eines Nachts mit dem Rad durch die Gegend, da halten mich plötzlich die Bullen an, auf ne üble Tour halten die mich an, Mann, ich frag die, hey, was geht denn hier ab, und die werfen mich auf die Motorhaube vom Batmobil, hey, mal halblang, stopp, sag ich, aber die, woher ich die Knarre hab, wofür das Benzin ist, und die Steine, die Streichhölzer, hey Mann, ich kann dir das erklären, sag ich zu dem Typ, als ob der meine Tussi wär, die mich mit ner anderen erwischt hat, aber die, halt die Schnauze, halt die Schnauze, du Chinesenschwuchtel, oder wir machen dir Kommunismus im Arsch, und dann ist da ne Kamera, und ich dreh ab, Alter, ich schwör dir, ich dachte, die würden mit mir nen Porno drehen, die Typen ham sie doch nicht alle, war dann aber doch nicht, das war das Fernsehen, na, weiß nicht, was schlimmer ist, dann ham die mich mit auf die Wache genommen, und es kam ne Ärztin und hat mich was weiß ich für Zeugs gefragt, die war durchgeknallter als ich, Mann, keine Ahnung, was ich der erzählt hab, und die hat mir Pillen verpasst, klar hab ich die nicht genommen, dann kommt einer der Bullen und hält mir die Vorschriften unter die Nase, nimm die Pillen, du Scheißchinese, für dich will ich keine Kugel verschwenden, die zahlen die Leute mit ihren Steuergeldern, klar hab ich sie genommen, wie ein Kind seinen Kakao, Mann, du stellst dir gar nicht vor, wie das war, wie 80 Joints auf einmal, ich hab gesabbert, Mann, ich sah aus wie ein tollwütiger Köter, den Quatsch, den ich gelabert haben muss, will ich mir gar nicht erst vorstellen, ich sag dir, ich war voll abgedreht, dann ham die mich in ein Loch mit ein paar Tussis gesteckt, die waren zum Fürchten, klar waren das Transen, solche Titten, Mann, ab und zu hat ein Bulle eine mitgenommen und eine halbe Stunde später ganz durchgeschüttelt wieder zurückgebracht, ich glaub, das hat mich davor gerettet, dass die mich durchgeschüttelt ham, am nächsten Tag ist wieder die Ärztin gekommen und hat mich gefragt, wie's mir geht, und ich hab gesagt, gar nicht gut, Mann, voll durch den Wind war ich, Alter, ich schwör's dir, ich hab nicht mal beim Pissen die Kloschüssel getroffen, da gibt die Doc mir noch mehr Pillen, und klar tu ich sie mir rein, das Durchgeknallte ist, dass ich mich sofort wieder topfit gefühlt hab, Mann, keine Ahnung, was in den Pillen drin ist, aber ich schwör, du nimmst eine und willst gar nicht mehr aufhören, die sind wie Smarties, Mann, bunt und so, dann hab ich mir also ein paar Tage lang Pillen reingetan, bis die mich in nen anderen Knast gebracht ham, später hab ich erfahren, dass das ne Klapse war, das hat mir einer der Irren da gesagt, der erste vernünftige Typ, mit dem ich gesprochen hab, seit die Bullen mir das Fahrrad gezockt ham, der saß dort fest, weil er eine Tussi vergewaltigt hatte, pass mal auf, der war noch der Harmloseste von allen, ein anderer von denen, die mit uns da waren, hatte seinen Nachbarn kaltgemacht, weil der die Musik immer laut stellte, und noch ein anderer hatte seine Frau und seine Töchter gekillt, ist das nicht abgefahren?, denn nimm mal an, ich hätte die Möbelgeschäfte angesteckt, wie die sagen, und meinetwegen hab ich auch die Discos Keybis und Cromagnon in Brand gesteckt und den Obelisken und die Haare von der Muschi vom Affen, Mann, nimm mal an, ich bin Juan Domingo Nerón und mache Haufen mit Sachen und zünde die dann an, Mann, ist das korrekt, mich mit all diesen Abgedrehten in die gleiche Zelle zu stecken?, das ist keine Sammelstelle für Verbrecher, das ist eine Fabrik, Mann, eine Schule, du kommst als Steuerhinterzieher rein und wirst Brandstifter, du kommst als Brandstifter rein und als Vergewaltiger wieder raus, wir ham alle einen an der Waffel, Alter, rette sich wer kann, Mann, und da bin ich nicht übers Wochenende geblieben, sondern vier Monate, kapierst du?, vier Monate voll mit Pillen und all diesen Irren, die mir das Hirn fusslig geredet ham, alles voll aufreibend, Mann, und eines Tages geben die mir keine Pillen mehr und bringen mich nach Devoto, klar, ohne mir was zu erklären, hoch mit dem Arsch, Scheißchinese, hierher, Scheißchinese, setz dich hin, Scheißchinese, in Devoto ham die mich in eine Zelle mit anderen Chinesen gesteckt, die gelbe Zelle ham sie die genannt, keine Ahnung, ob deshalb, weil wir da drin waren oder weil es nach Pisse stank, dass es dich umgehauen hat, die ham uns nicht duschen lassen, wir sind eh Dreckschweine, ham die gesagt, jedes Mal, wenn sie uns das Essen gebracht ham, mussten wir ihnen einen Kung-Fu-Griff zeigen, und dabei ham die uns die Essensreste aus dem ganzen Knast gegeben, ihr Chinesen fresst doch eh allen möglichen Kram, ham die zu uns gesagt, warum sollen wir Argentinier auch noch das Essen für euch bezahlen, wo ihr schon herkommt, um uns die Arbeit zu klauen, und dann macht ihr auf verrückt, und wir müssen für euch aufkommen, keiner von uns hatte ein Verfahren bekommen, aber für die waren wir alle schuldig, erst als ich mit dem Streik angefangen hab, ham die sich daran erinnert, dass wir außer Chinesen auch noch Menschen waren, die sind ganz wild geworden, Mann, ham mir Steak gebracht und versucht, mich mit Brei zu füttern wie ein Baby, Mann, ich sag's dir, Hungerstreik ist das Höchste, absolut, Mann, die kriegen eine Scheißangst, dass du gleich krepierst, und bringen dich ins Krankenhaus, und dann bekommst du sofort deine Verhandlung, die sagen, es gibt keine Termine für eine mündliche Anhörung, aber klar gibt's die, Mann, ich weiß, was ich dir sag, wir sind 1,3 Milliarden, und es gibt immer Platz für noch einen mehr, man muss die Sache nur beherzt angehen, ich sag dir, Hungerstreik ist das Höchste, aber das Allerhöchste ist, nachts nicht Fahrrad zu fahren, Mann, die Leute sind sonst wie drauf, und hinterher heißt es, der Durchgeknallte bist du.

* * *

Entgegen aller Aussichten erwartete Yintai mich richtig angezogen und geschminkt, ich sah sie zum ersten Mal im Rock und mit offenem Haar, es fiel perfekt gerade und schwarz bis zur Hüfte, das weiße Gesicht und die roten Lippen gaben ihr das unwiderstehliche Aussehen einer Geisha. Erst als ich sie so zurechtgemacht sah, wurde mir bewusst, dass ich mir nicht überlegt hatte, wohin ich sie ausführen wollte, die einzigen Orte, die mir einfielen, wo man mit einer solchen Frau hingehen konnte, waren das nächstgelegene Stundenhotel und von dort gleich in die nächste Kirche, zum Glück ergriff sie die Initiative und mit dem Argument, sie wolle sich nicht zu weit vom Viertel entfernen, schlug sie vor, in die Grünanlagen der Barrancas de Belgrano zu gehen. An ihrer Seite die Schienen zu überqueren und die wenigen Meter zurückzulegen, die uns vom Park trennten, war eine einzigartige Erfahrung, während wir warteten, dass der Zug vorbeifuhr, und dann, dass die Ampel für die Autos auf Rot umsprang, blickten die übrigen Passanten tückisch zwischen uns hin und her, zuerst sahen sie Yintai mit Verlangen an und mich überrascht, dann blickten sie ungläubig und mitleidig zu ihr zurück und mit Neid und Hass zu mir, klassisch mit zweierlei Maß gemessen, dachten sie wohl, und ganz falsch lagen sie da nicht, das stimmt schon.

Wir gingen ohne ein Wort zu wechseln bis zu einer Bank in der Nähe der Gloriette und schwiegen weiter, nachdem wir uns dort hingesetzt hatten; um uns herum sprangen ein paar Jungs mit ihren Skateboards über die Blumenkästen, unter den Bäumen schliefen Penner, Hundeausführer spielten Karten, Pärchen stritten oder küssten sich, Tauben, Katzen. Vanina war meine erste Freundin gewesen, und seit mit ihr Schluss war, war ich mit keiner anderen Frau mehr zusammen gewesen, zum letzten Mal war ich also mit fünfzehn Jahren in einer ähnlichen Situation gewesen, und von daher war es nur natürlich, dass ich nicht wusste, was ich sagen sollte, außerdem lähmte es mich, neben einer Frau zu sitzen, die geschieden war und ein Kind hatte, eine Frau mit mehr Vergangenheit auf der Haben-Seite als die hypothetische Zukunft, die ich mir mit ihr zusammen prophezeien könnte.

»In China nie Frau sprechen zuerst«, sagte Yintai endlich.

»Ah, ich dachte, es sei andersrum, und habe aus Respekt gewartet.«

Ich lächelte sie an und sie lächelte zurück, nicht, dass ich schüchtern bin, mir fällt es nur schwer, anzufangen, ich dachte daran, sie sofort zu küssen, aber sie senkte den Kopf, um etwas in ihrer Handtasche zu suchen.

»Ist dir heiß geworden?«, fragte ich sie, als sie anfing, sich Luft zuzufächeln.

»Wovon?« Sie blinzelte mich über den Fächerrand hinweg an.

»Weil ich daran gedacht habe, dich zu küssen.«

Für einen Sekundenbruchteil hörte sie auf, sich zuzufächeln, als sie die Bewegung wieder aufnahm, kam etwas von der künstlichen Brise auch bis zu mir, in meiner Phantasie wurde diese subtile Geste zu einem verborgenen Zeichen ihres Gutheißens meiner Galanterie, ihres Gutheißens oder ihrer Ablehnung.

»Und wie du denken dah?«

»Dich zu küssen? Keine Ahnung, wie wenn man sich aus dem Fenster im 43. Stock lehnt und nach unten schaut.«

Die Bewegung des Fächers wurde unmerklich langsamer, zeigte, dass das Kompliment gefiel oder sie es vielleicht nicht verstanden hatte, statt einer beredten Mimik oder verbaler Differenzierungsmöglichkeiten hatte Yintai den Fächer, ausdrucksstark wie der Schwanz einer Katze bediente sie sich seiner als Code, um ihre Gesten und Worte zu nuancieren, ich musste nur noch lernen, ihn zu entschlüsseln.

»Ich war noch nie 43. Stock«, sie nahm die normale Bewegung wieder auf.

»Ich auch nicht, jetzt, wo ich darüber nachdenke. Ob es den wohl gibt in Buenos Aires?«

»Soll heißen, du zum ersten Mal denken jemanden küssen.«

»Nicht jemanden. Dich. Bei den anderen Malen, die ich daran gedacht habe, war es wie aus dem 13. Stock, höchstens einem 15. Stock.«

»Und was für Unterschied? Vom 15. Stock genauso tot.«

»Aber es wird einem nicht so schwindlig.«

»Schwindlig ist etwas Gutes?«

»Das kommt darauf an. Wie die Liebe. Ist die Liebe gut?«

»In China, wenn Mann mag Frau, nicht so viel sprechen.«

Ich warf mich nach vorn, um sie zu küssen, aber sie hielt sich den Fächer vors Gesicht.

»In China, ich sagen.«

Es entstand eine Stille. Sie hatte den Schwenkwinkel des Fächers auf ein Minimum reduziert, die Luft erreichte wohl kaum ihren Hals, ich vermutete, dies sei ein Hinweis, dass ihr Herz sich geschlossen habe, wenn auch nichts dagegen sprach, dass es genau das Gegenteil bedeutete, es beruhigte mich zu wissen, dass ich nichts in den Händen hielt, vielleicht verwirrte sie das auch.

»Du hast mir das Rettungstuch gezeigt, ich bin aus dem 43. Stock gesprungen, du hast es weggezogen, und ich bin auf dem Boden zerschlagen.« Ich versuchte, sie für mein Scheitern verantwortlich zu machen.

»Tut weh?«, sie verstand mich genüsslich falsch.

»Nein, solange es noch Hoffnung gibt«, gab ich nach.

»Mehr noch, ich bin schon wieder auf dem Weg die Treppen rauf.«

»Müssen versuchen diesmal von Stock weiter unten.«

Ich interpretierte ihre Worte als Einladung, ich solle sofort noch einmal versuchen, sie zu küssen, aber gleichzeitig fiel mir ein, dass der Schlüssel, um adäquat auf ihre Andeutungen zu reagieren, darin bestünde, ihre Herkunft einzubeziehen, sie kam vom anderen Ende der Welt, deshalb musste man immer genau das Gegenteil von dem tun, was der gesunde Menschenverstand einem auf dieser Seite der Welt eingab. Ich blieb also still sitzen. Sie bewegte den Fächer immer langsamer. Schließlich nahm sie ihn ganz runter und schloss ihn mit einer schnellen Bewegung. Dann sah sie mich ungeduldig an, und ich blieb nicht länger still sitzen.

übersetzt von Silke Kleemann

Félix Bruzzone
Der Unimog

Als Mota von der Regierung Staatsanleihen erhielt, als Entschädigung, weil sein Vater ein ›Verschwundener‹ war, beschloss er, sie zu verkaufen, um das Geld in einen Kleinlaster zu stecken. Schon seit geraumer Zeit dachte er darüber nach, sein Geschäft – einen Lieferservice für Reinigungsmittel – auszubauen, und glaubte, mit einem größeren Fahrzeug als seinem alten Ford 100 wäre es möglich, zwei oder drei volle Tanks aufzuladen, längere Strecken zurückzulegen und so neue Kunden zu gewinnen.

Vicky war dagegen: »Gib doch nicht alles für einen Laster aus. Das Haus ist nicht einmal fertig!«

Das stimmt, dachte er. Aber er dachte auch, dass ihm der Laster eine neue Einkommensquelle verschaffen würde, also schenkte er den Worten seiner Frau nicht viel Beachtung. Außerdem dachte er, dass Frauen – zumindest solche wie Vicky, auf das kleinste Detail bedacht – ein Haus ohnehin nie als fertig ansehen.

An einem seltsamen Morgen, an dem der Himmel zunächst bedeckt war, dann aufklarte, sich wieder verfinsterte, die Wolken ein wenig Wasser verloren und schließlich weiterzogen, ging Mota los, um herauszufinden, wo man günstig einen guten Laster erstehen konnte. Man empfahl ihm einen Händler an der Ruta 8, einen anderen an der 197, einen weiteren an der 202 Richtung Bancalari, und einen an der Autobahn nach Westen. Doch erst in einer Lagerhalle in Ramos Mejía fand er, wonach er suchte. Das Geschäft wurde von einem gewissen Saba betrieben. Kreuz und quer waren zahlreiche Laster aufgestellt. Keiner war besonders alt. Wie man wohl so viele Fahrzeuge hier hineinbekommen hat?

Saba führte ihn durch die dichtgestellten Reihen, um ihm jedes einzelne Fahrzeug zu zeigen. Dazu gab er die eine oder andere Erklärung ab: Dieser liegt auf der Straße wie ein Schiff im Wasser, der hier verbraucht fast nichts, mit ein paar Tropfen Diesel bringt er dich bis nach Brasilien, der da ist nicht kaputtzukriegen, der kann von einem Felsbrocken getroffen werden, dieser dagegen ist ein bisschen leichter, fährt aber wie eine Eins, mit dem kannst du Jet-Ski fahren, haha. Dabei klopfte Saba, mal mit der flachen Hand, mal mit den Fingerknöcheln, auf jeden Laster, als wollte er deren Belastbarkeit vorführen. Vielleicht berührte er auch einfach gern das Blech oder hörte gern den metallenen Klang all der Fahrzeuge, die hier zum Verkauf standen.

Mota wollte allerdings nicht so viel ausgeben, und als der Verkäufer die Ernüchterung seines Kunden bemerkte, führte er ihn zu einem kleinen Schuppen weiter hinten auf dem Gelände. Ein Ersatzteillager, dachte Mota, als er Kurbelwellen und den Resten alter Karosserien auswich. Saba öffnete schließlich eine der Fahrzeugtüren und wies in den Innenraum. »Den zeig ich sonst niemandem«, meinte er, und: »Ich mach dir einen guten Preis.«

Mota fühlte sich einen Moment lang wie gelähmt. Dann antwortete er: »Ein ... ein Unimog ...«

»Richtig. Die kann man mit Schraubenzieher und Rohrzange reparieren. Was meinst du, warum das Militär sie verwendet? Außerdem sind sie unzerstörbar. Der hier wurde im Krieg eingesetzt, ganz genau, er war auf den Falklandinseln und kehrte so, wie er jetzt vor dir steht, zurück. Ein Prachtexemplar.«

Mota sah sich den Laster eingehend an. Dann stieg er ins Fahrerhaus, auf die Ladefläche, sprang wieder herunter. Unterdessen sagte Saba: »Da drin haben sich alle Mann retten können. Die Bomben kamen ganz in der Nähe runter, aber niemandem ist etwas passiert. Nur das hat er abbekommen, siehst du? Dieses Loch muss von einer Kugel stammen, der einzigen, die ihn getroffen hat.«

Der Verkäufer redete, und Mota dachte an seinen Vater, der in seiner Zeit als Wehrpflichtiger – und Mitglied der Gruppe ›Entschlossen für Córdoba‹, einer Einheit der Revolutionären Volksarmee – am Sturm auf das Fernmelde-Bataillon 141 beteiligt war. Bei der Gelegenheit hatte er mit ein paar anderen diverse MGs, eine Flak, Munition und Gewehre gestohlen – und einen Unimog, in dem sie die Beute verstauten und flohen.

Mota fragte: »Und davor? Wissen Sie noch mehr über den Unimog?«

Saba zuckte mit den Achseln. »Ein Prachtexemplar«, wiederholte er.

Noch bevor er etwas hinzufügen konnte, sagte Mota: »Ich glaube, den nehm ich.«

Vicky hatte den Unimog von Anfang an mit Argwohn betrachtet. Dabei lief er zunächst sehr gut. Mota hatte, wie von Saba im Vorfeld erklärt, die kleinen Defekte und Fehleinstellungen mit einfachem Werkzeug beseitigt. Die Zahl seiner Auslieferungen stieg allmählich an. Erst nach einem Monat traten größere Probleme auf. Erst war der Motor überhitzt, der Zylinderkopf musste gerichtet, der Kühler gereinigt und alle Motorschläuche ausgetauscht werden. Einer der Stoßdämpfer war schließlich verschlissen und musste zusammen mit einem beträchtlichen Teil des Fahrwerks ausgewechselt werden. Und das war noch nicht alles: Die Kardanwelle und das Getriebe machten Probleme, und wieder der Kühler, den Mota zum Glück ausgewechselt hatte, bevor der Motor erneut heißlaufen konnte. Dann sagte ihm einer der Mechaniker während dieser schier endlosen Reparaturen auch noch, dass die Einspritzpumpe es nicht mehr lange machen würde.

»Das Herz des Motors«, so der Mann, »das Herz des Motors braucht so langsam Hilfe.«

Da wurde Mota eins klar: Egal, wie viele Reparaturen noch nötig waren, der Laster würde immer wieder den Geist aufgeben; als ob sich der Zauber, von dem Saba gesprochen und der den Unimog vor der Bombe bewahrt hatte, in ein böses Omen verwandelt hätte, das in der Lage war, alles zu zerstören – als ob der Unimog nach seinem Abenteuer auf den Falklandinseln für immer ruhen wollte.

Über all das dachte Mota mehrere Tage lang nach. Als Vicky ihn auf das Thema ansprach, hörte er nicht hin. Sie merkte es und schwieg, ließ geschehen, dass es ihn aufzufressen begann. Er wird mich schon um Rat fragen, sagte sie sich, und wartete im Stillen, dass er ihr endlich Recht gab.

In dieser Zeit brachte Mota den Wagen wieder mit seinem Vater in Verbindung. Alles, was er über dessen ›Verschwinden‹ hatte herausfinden können, führte ihn nach Córdoba. Man hatte ihm von der Revolutionären Volksarmee erzählt, der Gruppe ›Entschlossen für Córdoba‹, dem Überfall auf das Kommando, dem Untergrund, der Straßenkreuzung, an der er entführt wurde. In seiner Jugend, als seine Nachforschungen begannen, hatte er Leute getroffen, mit denen man reden konnte, und solche, die man besser nicht auf das Thema ansprach. Er hatte freundliche Menschen getroffen, wehmütige, gesprächige. Viele rieten ihm, nach Córdoba zu fahren, um zu sehen, wo sein Vater festgehalten worden war. Er sollte fordern, die Orte besichtigen zu dürfen, an denen man ihn gefangen gehalten hatte. Und doch hatte er das nie getan, obwohl er es sich immer vornahm. Sogar Vicky, die nichts mit der ganzen Geschichte zu tun hatte, wartete darauf, dass er diesen Teil seiner Nachforschungen zu Ende bringen würde und sah, was er zu sehen hatte, und aus dem Gedächtnis strich, was zu streichen war.

Eines Abends sagte Mota: »Ich fahre mit dem Laster nach Córdoba.«

Vicky schwieg.

Dann wollte er ihr erklären, dass sein Vater einen Unimog gefahren war, und dass der Unimog, den er gekauft hatte, in gewisser Weise der war, den sein Vater gefahren war. Er sagte, dass man die bösen Dämonen hereinlassen müsse und dass es ihm helfen würde, durch die Straßen zu fahren, durch die mit Sicherheit auch sein Vater gefahren war, am Steuer einer Zugmaschine wie dieser.

Vicky umarmte ihn, ohne ein Wort zu verstehen.

»Ich muss an das Haus denken«, sagte sie, »was wird aus dem Haus?«

Mota wendete sich ab und versprach, dass nach seiner Rückkehr alles so werden würde, wie sie es sich wünschte.

»Du sagst immer das Gleiche«, erwiderte sie.

»Du aber auch.«

In der Nacht legten sie sich ins Bett und schalteten den Fernseher ein, ohne hinzusehen. Oder sie schauten doch, aber während am Bildschirm die letzten Sketche eines kürzlich verstorbenen Komikers wiederholt wurden, dachte Vicky an das Haus und Mota an den Laster. An das traumhafte Haus und den verdammten Laster oder umgekehrt. Den Laster und das Haus. Ganz sicher hätten sie sich nicht einigen können, welches dieser zwei Dinge wichtiger sei.

Mota fuhr fast die ganze Nacht durch, bis er anhielt, um zu tanken und einen Kaffee zu trinken.

»Gehört der Unimog Ihnen?«, fragte ihn ein Mann in grüner Weste, der so dick war, dass er kaum zwischen den Tischen hindurchkam.

»Ich fahr ihn gleich weg«, entgegnete Mota, leicht genervt, weil er seinen Kaffee noch nicht ausgetrunken hatte.

Der Mann streckte einen seiner großen Arme aus.

»Nein, deshalb frag ich nicht, es ist nur, dass ich so einen gefahren bin, ich ...«

»Sind Sie Soldat?«

»Nicht mehr«, sagte der Dicke, »seit dem Ende des Falklandkriegs nicht mehr«, und zeigte eine Hand, der zwei Finger fehlten. »Man hat mir einen Orden verliehen. Diese Laster sind der Wahnsinn, finden Sie nicht?«

Mota nickte, und der Mann setzte sich einfach zu ihm an den Tisch, um ihm Anekdoten mit Unimogs zu erzählen. Er wurde nicht müde zu wiederholen, dass diese Teile der Wahnsinn seien, »ein Wunder der Ingenieurskunst« war sein Wortlaut, »unverwüstlich«. Er sagte auch, dass sie nicht einfach zu bedienen seien, »sie haben so ihre Geheimnisse«. In einem passenden Moment sagte Mota:

»Mein Unimog war auf den Falklandinseln.«

»Woher wissen Sie das?«

»Das hat mir der Händler erzählt, der ihn mir verkauft hat. Er meinte ...«

»Das kann ich mir nur schwer vorstellen«, erwiderte der Dicke, »aber wenn er das gesagt hat ... Doch selbst wenn: Alles, was auf die Falklandinseln gebracht wurde, ist dort geblieben, von diesen Inseln ist keiner zurückgekehrt. Sehen Sie mich an, ich bin Lkw-Fahrer, haben Sie meinen Lkw gesehen? Besser wenn nicht, reinster Schrott.«

Der Dicke redete weiter, und Mota fragte sich, ob sein Unimog vielleicht auf den Falklandinseln gestorben ist. Das könnte schon sein. Die Bomben hatten ihn, wie Saba meinte, nicht getroffen. Aber was hatte dieses Loch zu bedeuten, diese Einschussstelle, die immer noch im Blech zu sehen war? Erst als der Dicke erneut darauf pochte, diese Unimogs seien der Wahnsinn, die wahren Lkws, spürte Mota, dass sein Unimog einer von ihnen war, dass Córdoba nur ein paar Schritte entfernt lag und nicht mehr als ein letzter Schritt nötig war, um an den Ort zu gelangen, an den er wollte.

Und mit dieser Überzeugung kehrte er zurück auf die Autobahn, zu seinem Abenteuer, und dem Bild seines Vaters, das wie ein Glas Marmelade vor ihm stand, oder noch besser: wie ganze Häuser voller Marmelade.

Keine hundert Kilometer hinter Villa María leuchteten im Morgengrauen einige große, dunkle Wolken auf. Mota konnte sie im Rückspiegel erkennen, sie bewegten sich auf ihn zu, drohten gewaltige Wassermassen auf den Weg niederregnen zu lassen. Sie sind schneller als ich, glaubte er und gab Gas. Er dachte: Der Wagen wird durchhalten. Wenn er es bis hierher geschafft hat, gibt es keinen Grund, weshalb er jetzt schlappmachen sollte.

Doch das tat er. Erst trat Mota auf das Gaspedal, und der Wagen reagierte. Es schien, als würden die Wolken sich nicht mehr bewegen, sich sogar entfernen. Dann machte der Motor plötzlich Geräusche wie eine Flugzeugturbine, reagierte nicht mehr, und Mota musste anhalten, um nach dem Rechten zu sehen. Er erwartete nichts Gravierendes.

Dem Anschein nach war nichts kaputt oder verstellt: Alles war, soweit er es überblicken konnte, in Ordnung. Und trotzdem: Als er den Unimog wieder anwerfen wollte, war ein langes Quietschen zu hören, wie von einer rostigen Tür, dann Geräusche wie von einer Tür, die vom Wind zugeschlagen wird. Mota probierte es ein paar Minuten weiter, mit dem Quietschen und den Schlägen, als jemand kam, um zu fragen, ob er Hilfe brauche.

»Vielen Dank«, sagte er darauf, ohne zu merken, dass es sich um den Dicken von der Tankstelle handelte.

»Na, erkennen Sie mich denn gar nicht wieder?«, fragte der Dicke. »Wer mich einmal gesehen hat, dem bleibe ich im Gedächtnis.«

»Entschuldigung«, so Mota, »aber dieser Laster ...«

Der Dicke schaute sich den Motor an, startete, wieder

kam der hohe Ton, und gab sein Urteil ab: »Was für ein Jammer! Ich glaube, das Problem sind die Einspritzpumpe und der Anlasser, er muss abgeschleppt werden.«

Und während der Dicke die Details einer möglichen Reparatur erklärte, erinnerte sich Mota an die Worte des Mechanikers: »Die Einspritzpumpe ist das Herz des Motors«, und an die von Vicky: »das Haus fertig bauen, immer versprichst du das Gleiche, immer das Gleiche«, und die von Saba: »Rohrzange, Schraubenzieher«. Eine Zange und ein Schraubenzieher, um das ganze Fahrzeug auseinanderzunehmen; zwei, drei Werkzeuge, um jede Stelle einzeln unter die Lupe zu nehmen, um alles zu sehen, was da drinnen vor sich geht, jetzt, früher und in Zukunft. In dieser Verfassung trat er dem Dicken gegenüber, bat ihn zu gehen und teilte ihm mit, dass er sich selbst darum kümmern würde. Da dieser aber darauf bestand, ihm zu helfen, und anbot, einen Abschleppdienst zu rufen und einen guten Kfz-Mechaniker aufzutreiben, der das Problem beheben würde, musste Mota deutlicher werden: »Gehen Sie, ich brauche Sie nicht, gehen Sie einfach.«

»Du Missgeburt«, murmelte der Dicke.

»Wie bitte?«

»Missgeburt! Du hörst schon recht.«

Mota dachte an eine Kuh. Er kam aus dem Bauch der Kuh und war ein Kälbchen, ein kleiner Stier, den die Kuh ins Gras plumpsen ließ. Blutig wie er war, atmete er den Morgendunst ein, und ein lila Faden, eine Mischung aus Blut und Plazenta, hing ihm aus dem Maul. Die Augen taten ihm weh, er sprang auf den Dicken und prügelte mit der geschlossenen Faust auf ihn ein, unkontrollierte Schläge auf den feisten, riesigen Körper. Der Dicke packte ihn, hob ihn ein Stück vom Boden hoch und schmiss ihn auf den Asphalt, sodass er auf dem Rücken lag. Mota sah zu ihm hoch, atmete heftig und spürte seinen schmerzenden Kopf auf dem Stein.

Er konnte sich nicht aufrichten. Ihm war kalt. Mit dem Zeigefinger wies er drohend auf den anderen. Der grinste.

Als Mota es schaffte, sich umzudrehen, und sich langsam erhob, war der Dicke weg. Er hörte den Motorlärm des Lkws, atmete den Qualm, der aus dem Auspuff strömte, und sah ihn wegfahren. Dann hörte er die ersten Donner.

Wieder allein, öffnete Mota erneut die Motorhaube, ließ sie wieder zufallen. Nichts. Oder doch: Er nahm sich einen Hammer und schlug auf den Wagen. Dann einen Stock: Er drosch auf den Motor ein, auf die Karosserie, schleuderte ein Werkzeug nach dem anderen auf den Unimog und brüllte: »Hast du denn nichts zu sagen? Gar nichts?«

Schließlich sah er ein, dass es zwecklos war und dass er seinen Plan ein für allemal begraben musste. Was würde Vicky sagen? Nichts, sie konnte ja nichts sagen, weil sich zu dieser Sache wirklich niemand äußern konnte. Er stieg auf die Ladefläche und suchte nach einem Schlauch und einem Kanister. Er öffnete den Tankdeckel und versuchte, etwas Diesel abzuzapfen. Viel war nicht drin, und er wusste nicht, wie er es anstellen sollte. Am Ende war nur der Grund des Kanisters bedeckt, sodass er bloß ein paar Tropfen auf den Motor spritzen konnte.

Die Flammen, zunächst sehr klein, machten den Eindruck, als würden sie schnell wieder erlöschen. Doch das Feuer wuchs an, nahm das Fahrerhaus ein und breitete sich nach hinten aus. Mota spürte den Bann, in den einen solch ein Feuerspektakel zieht. Er wartete darauf, dass die Flammen in den Tank schlugen, und malte sich schon die unglaubliche Explosion aus, die seiner irrsinnigen Reise nach Córdoba und der Dummheit, sich diesen Unimog gekauft zu haben, ein Ende bereiten würde. Doch nun setzte der Regen ein, und ihm wurde klar, dass das Feuer ausgehen würde.

Mota musste sich schließlich vor dem Sturm in den hinteren Teil des Fahrzeugs flüchten, den einzigen, den das Feuer noch nicht erreicht hatte, und – ohne etwas tun zu können – dem Regen lauschen und zusehen, wie das Wasser durch die Dachplane sickerte. Er sah die Wege, die ihm nun versperrt waren, und auf dem Boden, in den Pfützen, die sich bildeten, erblickte er die Orte, an die er nun nie gelangen würde.

Für den Rückweg brauchte er einen ganzen Tag. Bis Rosario nahm ihn jemand mit, den er überredete, ihn in Zárate abzusetzen, von wo aus er Vicky anrief.

»Ich bin in Zárate«, sagte er zu ihr.

»Ich komm dich abholen«, war ihre Antwort.

Während der Fahrt redeten sie kaum ein Wort miteinander. Der Ford 100 fuhr mit gleichmäßigem Motorengeräusch durch die Nacht, und Mota bildete sich ein, dass sich am Fahrbahnrand eine Lagune ausbreitete. Sie war nicht tief, und er überlegte anzuhalten, um Vicky an die Hand zu nehmen und sie inmitten der Dunkelheit zu Fuß zu durchqueren.

Als sie bereits zu Hause waren, teilte er ihr mit: »Ich werde Saba anrufen.«

»Wen?«

»Den Mann, der mir den Unimog verkauft hat. Er soll ihn abholen und mir einen Teil des Geldes zurückerstatten. Ein bisschen was wird er mir ja wohl wiedergeben ...«

»Und wenn nicht?«

»Das wäre mir egal. Wir fangen ganz neu an.«

Sie nahmen sich in den Arm. Dann fragte ihn Vicky:

»Bauen wir das Haus fertig?«

»Das machen wir, mal sehen, wie weit wir kommen.«

Sie sagte ihm, er solle auf sie warten, und kam nach einer Weile mit einer Flasche Wein, Hühnchen und ein wenig Gemüse zurück. Sie kochten und aßen, und bevor sie sich schlafen legten, bot Mota an, ihr mit dem dreckigen Geschirr und den Resten vom Abendessen zu helfen.

übersetzt von Sarah Otter

Julia Coria

Das Fest

Um halb acht, als die Verwandten aus Corrientes ankommen, ist Norma bereits auf und betet zum Heiligen Isidor, damit es aufhört zu regnen, und Cintia und Norberto werden von dem Klingeln wach, nur Osvaldo nicht, denn wenn Osvaldo schläft, hört er nichts, nicht einmal Cintias Großeltern, die gerade mit Mónica, der Cousine, eingetroffen sind und von Norberto mit einem Hallo begrüßt werden, bevor er sich wieder schlafen legt, und während die anderen noch mit Begrüßen beschäftigt sind, sieht Cintia die nassen Regenschirme neben der Tür, sie fragt, regnet es? Doch bevor die anderen antworten können, hört man es donnern, und Cintia geht in das Zimmer, in dem ihr Vater schläft, sie schreit, ich hab dir doch gesagt, du sollst einen Festsaal anmieten, ich feiere meinen fünfzehnten Geburtstag ja wohl nicht im Regen, aber da er sie nicht einmal ansieht, verzieht sich Cintia in ihr Zimmer und heult, und Norma versucht den ganzen Morgen, eine Plane für den Hof aufzutreiben, doch wen sie auch anruft, immer lautet die Antwort, so etwas haben wir nicht, aber ihr hättet doch wirklich einen Festsaal anmieten können, oder? Genau das denkt Norma auch, dass sie einen Festsaal hätten anmieten sollen, schließlich feiert man einen fünfzehnten Geburtstag nur einmal, und überhaupt, was hat man von einem langen Kleid, wenn es ausgerechnet an diesem Tag regnet, aber Osvaldo hat sich auf keine Diskussion eingelassen, entweder das eine oder das andere, hat er gesagt, und da Cintia eine Schlaufentorte* wollte und ein Catering fürs Mittagessen, gibt es eben keine Kellner, da sie gedruckte Einladungskarten wollte und eine Videokamera, um das Ganze zu filmen, gibt es keinen DJ, und da sie ein langes

86

Kleid wollte, gibt es keinen Festsaal, denn wenn Osvaldo Nein sagt, meint er auch Nein.

Cintia heult immer noch, und Mónica versucht, sie zu trösten, sie sagt, der Regen kann uns mal, wenn er bis heute Abend nicht aufhört, tanzen wir eben im Wohnzimmer, es wird auf jeden Fall lustig, aber für Cintia muss das Fest im Hof stattfinden, komme was wolle, denn das gehört zum Plan, sie hat nämlich mit Andrés abgemacht, dass, wenn der Walzer erklingt, er über die hintere Mauer springt und den Eltern alles erzählt, glaub mir, ich schleuder es deiner Scheißalten ins Gesicht, dass ich dich liebe, hat Andrés gesagt, und wenn deine Alten weiterhin einen auf stur machen, werden sie schon sehen, was passiert, was aber genau passiert, wenn ihre Eltern weiterhin einen auf stur machen, das weiß Cintia eigentlich nicht, sie hat jedoch für den Fall der Fälle eine gepackte Tasche unter dem Bett stehen, das alles erzählt sie ihrer Cousine Mónica und fügt hinzu, aber was verstehst du schon von Liebe, womit sie Recht hat, denn Mónica ist erst dreizehn, und mit dreizehn versteht man noch so ziemlich gar nichts.

In der Küche hört man den Großvater Akkordeon üben, denn Norberto, der sich um die Musik kümmert, hat in seiner Sammlung keine Walzerkassette, Mónica lauscht, überlegt eine Weile und fragt dann, warum Andrés unbedingt über die hintere Hofmauer springen muss und nicht durch die Tür hereinkommen kann wie alle anderen auch, und da erzählt Cintia ihr alles, dass sie und Andrés sich auf einer Klassenfahrt in Córdoba kennengelernt haben, dass sie damals zwölf war und er schon fünfzehn, worüber Norma und

---

* Im Original *torta con tiritas*: eine Torte, aus der rundum Schnüre heraushängen, an der die unverheirateten Frauen unter den Gästen gleichzeitig ziehen, bevor die Torte angeschnitten wird. Nur an einer ist ein Ring befestigt, und diejenige, die ihn bekommt, heiratet als Nächste.

Osvaldo schon nicht besonders begeistert waren, und sie waren es auch nicht von seinem Motorrad, seinen langen Haaren und seinem Ohrring, aber am allerwenigsten begeistert waren sie von Andrés' schlechtem Ruf im Viertel, er hängt immer mit den älteren Jungs herum, trinkt Bier und ruft den Frauen Schweinereien hinterher, und als Cintia ihn zu Hause vorstellen wollte, haben sie ihr einfach verboten, mit ihm zusammen zu sein, obwohl Norma ja vielleicht noch einlenken würde, aber wenn Osvaldo Nein sagt, meint er auch Nein, und deshalb müssen sie sich heimlich treffen, was am Anfang noch aufregend war, aber wie soll man sich in einem Kaff wie Adrogué heimlich treffen, und außerdem hat es Cintia satt, dass Andrés den anderen Mädchen verheimlichen muss, dass er mit ihr zusammen ist, deshalb haben sie jetzt beschlossen, dass die Eltern selbst schuld sind, wenn sie weiterhin einen auf stur machen, dass sie schon sehen werden, was passiert, aber nun ruft Norma nach Cintia, weil Nelly, die Schneiderin, mit dem Kleid angekommen ist, und sie verbringen den Rest des Morgens mit den letzten Änderungen.

Zum Mittagessen stellt Norma Club-Sandwiches auf den Tisch, und Cintia sagt, wenn ihr so weiteresst, bleibt nichts mehr für heute Abend, und sie schließt sich wieder mit Mónica in ihrem Zimmer ein, wieder kann keiner sie überreden, herauszukommen, erst kurz nach zwei lässt sie sich blicken, als die Plane gebracht wird, die dann doch angemietet werden musste, weil niemand eine zum Ausleihen hatte und es immer noch regnet, aber da Norma und die Großmutter zur Maniküre sind, Norberto Kassetten holen gegangen ist, der Großvater immer noch Akkordeon übt, Mónica ein Bad nimmt und Osvaldo beschlossen hat, auf ein paar Kartenspiele in die Kneipe zu gehen, muss Cintia wohl oder übel dem Typ mit der Plane öffnen, sie stürmt wütend hinaus und schreit, was für ein bescheuerter Aufriss für eine blöde Mistplane, und der Typ antwortet, na hoffentlich wird dein Arsch nass, du kleine Schlampe, und will schon gehen, da stellt sich ihm Norma in den Weg, sie hält ihn auf, ohne ihn jedoch mit den frisch lackierten Nägeln anzufassen, sie hat den Laster vom Kosmetikstudio aus ankommen sehen und ist herbeigeeilt, so schnell sie konnte, sie sagt, nehmen Sie's ihr nicht übel, sie ist heute schrecklich nervös, weil sie fünfzehn wird, und Cintia verzieht sich wieder in ihr Zimmer und verpasst deshalb, was Mónica durch die Dachluke des Bades beobachtet, nämlich wie der Typ mit der Plane trotz des Regens die Jacke auszieht und im Muskelshirt dasteht, wie er mit seinen riesigen Oberarmen wie ein Gewichtheber-Champion die Plane aufhängt und mit seinen Händen trotz der Nässe geschickt das Seil in die Ösen der grünen Abdeckplane einfädelt.

Bis endlich das Büfett komplett und die Torte da ist, bis Norberto die Lampions unter der Plane angebracht und Tita, die Friseuse, sie alle frisiert hat, bis sie sich alle umgezogen haben, ist es fast zehn, es ist schon fast zehn, und Osvaldo ist immer noch nicht zu Hause, und bei dem Dauerregen will keiner ihn aus der Kneipe holen gehen, sodass Norma schon kurz vor dem Nervenzusammenbruch steht und in Tränen ausbricht, so weit muss es also erst kommen, erst jetzt vergisst Cintia ihre Eitelkeit, sie folgt Norma in die Küche in ihrem langen Kleid und ihrem Kopfputz und ruft »Mama«, und Norma hinter ihrem Tränenschleier schaut Cintia an, und Cintia ist unglaublich schön, so schön, dass Norma sich vor der Heiligen Jungfrau höchstpersönlich wähnt, sie bekreuzigt sich und merkt, dass ihr Blutdruck sinkt, und sie fällt nur deshalb nicht in Ohnmacht, weil es klingelt und sie den ersten Gast empfangen muss, denn Cintia darf sich erst zeigen, wenn alle da sind, aber es ist gar nicht der erste Gast, sondern Osvaldo, Osvaldo ist um Punkt zehn nach Hause gekommen, völlig durchnässt und noch nicht umgezogen, und jetzt fällt Norma wirklich in Ohnmacht, doch sie fängt sich wieder, als Osvaldo zweimal in die Hände klatscht, als wäre ihm ein Zauberkunststück gelungen, und da er zuvor, als Cintia sich ein Fahrrad wünschte, gesagt hat, entweder Geschenk oder Fest, verstehen weder Norma noch Cintia, warum er mit einem rosa Fahrrad auftaucht, mit Gangschaltung und Körbchen vorne und hinten und einem Blumenstrauß im hinteren Körbchen, Osvaldo hat nämlich im Lotto gewonnen, und Cintia umarmt ihn, vorsichtig, damit ihr Kleid nicht schmutzig wird, und sagt, sie verzeihe ihm wegen des Festsaals, wegen der Kellner und des DJs, und Norma denkt, schade, dass er nicht vorher gewonnen hat, dann hätte Cintia das alles haben können, aber sie gibt sich zufrieden, als Osvaldo das Bündel Scheine zeigt, das noch übrig ist, und in diesem Moment klingelt es, Cintia versteckt sich schnell, Osvaldo zieht seinen Anzug an, Norberto stellt die Kassetten bereit, und Norma öffnet die Tür, sodass sich Mónica um die Blumen und das Geld kümmern muss, sie stellt die Blumen ins Wasser, wie Norma es sie geheißen hat, und die Vase mit den Blumen auf das Tischchen mit dem Schaumstoffherz mit den angepinnten Souvenirs, aber das Geld legt sie nicht, wie Norma gesagt hat, in die Schublade, sondern unter Cintias Bett, zu der Tasche, für den Fall der Fälle.

Währenddessen empfängt Norma die Gäste, sie empfängt die Schulkameraden, die Jungs vom Jugendclub, die Mädels vom Fitnesscenter, die Onkel und Tanten, die Cousinen und Cousins, die anderen Großeltern, Osvaldos Kollegen aus der Gemeindeverwaltung, Normas Freundinnen aus der Kirchengemeinde, die Nachbarn, und alle machen sie es sich unter der grünen Plane bequem, die den ganzen Hof überdacht, und durch die, obwohl es immer noch regnet, kein einziger Tropfen dringt, und deshalb fragt sich Mónica, wie Andrés das wohl anstellen wird, um in den Hof zu gelangen, denn die Plane reicht bis an die hintere Hofmauer heran, da bleibt nicht viel Platz, und um halb elf sagt Norma Cintia Bescheid, dass jetzt alle da sind, fast alle, denkt Norma und schickt ein Stoß-gebet zum Heiligen Antonio, dass Cintia auf dem Fest einen anderen Jungen kennenlernen und darüber Andrés vergessen möge, fast alle, denkt Cintia und stellt sich vor, wie der Groß-vater den Walzer spielt und Andrés sie wie ein Prinz am Gür-tel fasst mit langen, tropfnassen Haaren und zusammenge-kniffenen Augen, damit er im Regen überhaupt etwas sieht, sie stellt sich vor, wie er droht, sie zu entführen, wenn die El-tern weiterhin einen auf stur machen, aber nun muss sie sich zeigen, sie betrachtet sich noch einmal im Spiegel und denkt, kein Wunder, dass Andrés sich in sie verliebt hat.

Cintia erscheint vor den versammelten Gästen und schrei-tet durch ein Spalier aus Cousins, die sie erst überreden musste, einen Anzug anzuziehen, die ihr nun aber Blumen schenken, jeder eine weiße Nelke, und mit dem Strauß in der Hand winkt sie allen zu, vor allem der Kamera, damit we-nigstens ihr Auftritt auf dem Video festgehalten ist, wenn schon Andrés nicht drauf sein wird, und nun legt Norberto nach dem langsamen Stück, das Cintia sich von ihm für ihren Auftritt gewünscht hat, einen Rock 'n' Roll auf, doch kaum tanzen alle, ist es auch schon wieder vorbei, denn um Viertel vor elf tauchen plötzlich die Vermummten auf, die Ver-mummten kommen einfach durch die Haustür herein, und das alles nur, weil du keinen Festsaal angemietet hast, würde Cintia jetzt Osvaldo vorhalten, wenn nicht drei Gründe da-gegen sprächen, erstens hat er ihr immerhin ein Fahrrad ge-schenkt, zweitens richtet einer der Vermummten den Revol-ver auf sie, drittens glaubt sie nun, Andrés und seine Freunde unter den Hasskappen zu erkennen, natürlich sind sie es, auch wenn Andrés sich nicht an die Vereinbarung hält und nicht erst beim Erklingen des Walzers über die hintere Hof-mauer hereinkommt, sondern schon vorher, durch die Haus-tür und mit drei Freunden, und Cintia denkt, dass er eben unberechenbar ist, aber sie ist dann doch erstaunt, dass er sie nicht in den Arm nimmt und ihren Eltern sagt, dass er sie liebt und dass, wenn sie weiterhin einen auf stur machen, sie schon sehen werden, nein, er brüllt seinen Freunden zu, dass sie alles mitnehmen sollen, was ihnen in die Hände fällt, er stellt einen Sack in den Hof, in den sie alles hineinwerfen sollen, und die Stimme, mit der er das befiehlt, klingt gar nicht nach ihm, außerdem zielt er immer noch mit dem Revolver auf Cintia, weshalb sie überlegt, ob das vielleicht gar nicht Andrés ist, und bei diesem Gedanken bekommt sie es mit der Angst zu tun, zumal jetzt Norma fleht, sie möchten doch bitte, bitte die Kleine dalassen, sie sollen sie selbst oder Osvaldo mitnehmen, aber nicht die Kleine, und Andrés fährt sie an, und Cintias Zweifel sind wie weggeblasen, denn er sagt, was sollen wir denn mit dir, du Scheißalte? Das ist nicht dein Fest, sondern das von der kleinen Schlampe hier, und in dem ganzen Durcheinander schnappt sich einer der Vermummten die Kamera und steckt sie in den Sack, du Vollidiot, schnauzt Andrés ihn an, greift nach der Kamera und drückt sie dem, der damit gefilmt hatte, wieder in die Hand, er befiehlt ihm, sie gefälligst wieder einzuschalten und sie vor allem immer schön auf ihn zu richten, auf ihn und die kleine Schlampe, sonst mach ich ein Sieb aus deinem Arsch, fügt er hinzu, und Cintia stirbt fast vor Aufregung, sie möchte ihn am liebsten umarmen, reißt sich aber zusammen, zum einen, weil der Revolver immer noch auf sie gerichtet ist, zum anderen, weil sie sich nun sicher ist, dass alles gut gehen wird und dass ihr alle Zeit der Welt bleibt, ihren Verlobten nach Herzenslust zu umarmen, und Mónica, die zwischen den Gästen sitzt, sieht Cintias Lächeln und kapiert, dass das hier Andrés sein muss.

Hey Che, die Alte da will ihren Ring nur über ihre Leiche rausrücken, sagt einer der Vermummten und deutet auf die Alte, Cintias Großmutter, Normas Mutter, die von Corrientes angereist ist, und den Ring hat sie von ihrem Mann zur silbernen Hochzeit geschenkt bekommen, Andrés runzelt die Stirn, auch wenn man das unter der Vermummung nicht sieht, denn man kann schon mal eine Festgesellschaft ausrauben, aber eine Alte umzulegen ist dann doch etwas anderes, lass sie, sagt er, sie gibt ihn dir bestimmt auch so, und er mustert die Gäste, die um die großen, im Hof verteilten Tische herumsitzen, er mustert die Gäste, die auf Befehl der Vermummten mucksmäuschenstill halten, bis auf Lorena, eines der Mädchen vom Fitnesscenter, die Andrés' Blick nicht mehr aushält, die es überhaupt nicht mehr aushält und über die hintere Hofmauer abhauen will, und Andrés macht sich über sie lustig, na dann, viel Spaß, du dumme Kuh, sagt er, weil es da kein Durchkommen gibt, da kann Lorena noch so gelenkig sein, und nachdem sie eine Weile gezappelt hat, zerrt einer der Vermummten sie an den Haaren wieder herunter und zwingt sie, sich zu setzen, sie schreit, tu doch endlich mal jemand was! Doch der Vermummte haut ihr dermaßen eine runter, dass ihr die Lust vergeht, während des ganzen Festes überhaupt noch einmal den Mund aufzumachen.

Als die Vermummten aufgetaucht sind, hat Norberto die Musik abgestellt, aber jetzt befiehlt ihm Andrés, eine Platte aufzulegen, und Norberto fragt ihn, nur für den Fall der Fälle und weil er ihn nicht verärgern möchte, und was soll ich auflegen? Und Andrés antwortet, irgendwas Romantisches, wie wär's mit dem Hochzeitsmarsch, und die Großmutter, die sich für ganz besonders tapfer hält, weil sie den Ring immer noch nicht herausgerückt hat, schreit, aber den Hochzeitsmarsch spielt man auf Hochzeiten! Und jetzt hat Andrés die Alte satt, er feuert in die Luft, die Kugel durchbohrt die Plane, und durch dieses Loch wird es die ganze Nacht tropfen, aber vorerst überdeckt Andrés' Stimme das leise Geräusch des Wassers, der Hochzeitsmarsch wird verdammt nochmal gespielt, wo ich es will, schreit er, und wenn Norma vor dem Fest, als Osvaldo noch nicht nach Hause gekommen war, schon kurz vor dem Nervenzusammenbruch stand, so ist sie nun reif für die Klapsmühle, und wieder muss es erst so weit kommen, erst jetzt beschließt Cintia, dass es schön und gut ist, wenn ihr Verlobter sie entführt, aber so durchzudrehen, und sei es aus Liebe, ist dann doch etwas anderes, und sie sagt, der Hochzeitsmarsch wird auf Hochzeiten gespielt, an fünfzehnten Geburtstagen spielt man Walzer, was das Stichwort ist, das Andrés an den Plan erinnern soll, er soll sie endlich ein für alle Mal entführen, doch er schaut sie nicht einmal an, sondern bleibt unter dem Leck der Plane stehen, von dem das Wasser auf ihn herabtropft und seine Hasskappe durchnässt, und völlig entnervt sagt er, wenn ich will, dass der Hochzeitsmarsch am fünfzehnten Geburtstag gespielt wird, dann wird er am fünfzehnten Geburtstag gespielt, verstanden? Aber Cintia versteht gar nichts mehr, was hat Andrés vor? Warum macht er nicht einfach, was sie zusammen beschlossen haben? So war das nicht gedacht, sie will nicht, dass ihre Eltern so leiden, denn im Grunde sind es gute Eltern, schließlich haben sie ihr sogar ein Fahrrad geschenkt, soll er sie doch entführen, aber vorher könnten sie doch noch in Ruhe feiern, und bevor sie sich zusammen verdrücken, bekommen die Eltern noch einmal die Chance zu sagen, was sie denken, und vielleicht machen sie ja gar nicht einen auf stur, vielleicht ist es ja gar nicht nötig, wie Verbrecher abzuhauen.

Von ihrem Platz am Tisch aus sieht Mónica Cintias verängstigtes Gesicht, und nun reißt sie all ihren Mut zusammen und erklärt, du kannst von mir aus sagen, was du willst, aber hier wird kein Hochzeitsmarsch gespielt, und sie fügt hinzu, warum haut ihr nicht einfach ab, und da Andrés sie nicht unterbricht, spricht sie einfach weiter, also wenn nicht, dann stoßen wir jetzt an, oder tanzen Walzer oder schneiden die Torte an, aber den Hochzeitsmarsch spielt man nun mal auf Hochzeiten, und als sie fertig ist, wendet Andrés den

Blick von dem Leck in der Plane ab und zielt mit dem Revolver auf sie, aber er weiß genau, dass in Wirklichkeit sie auf ihn zielt, dass in Wirklichkeit sie ihn töten kann mit ihren atemberaubenden grauen Augen, und er bringt gerade noch ein »Warum nicht?« heraus und ein »Worauf hat du Lust?« Jetzt sind alle inklusive Cintia überzeugt, dass Andrés sich mit Mónica einen Scherz erlaubt, dass er sie umbringen wird, und sie selbst hat auch Angst und antwortet nicht, nicht einmal, als er wiederholt, jetzt mal ernsthaft, worauf hast du Lust? Sie zuckt nur mit den Schultern, als würde sie sagen wollen, keine Ahnung, woraufhin Andrés fragt, sollen wir einfach mal den Kuchen anschneiden? Sie nickt, und er legt nach, sollen wir die Kerzen ausblasen? Sie schüttelt den Kopf, aber jetzt ist Cintia an der Reihe, denn ihr reicht es allmählich, wir müssen jetzt an den Tortenbändchen ziehen und schauen, wer den Ring erwischt, erklärt sie, damit wir wissen, wer als Nächstes heiratet, und Andrés hört ihr zu und sagt schließlich, ohne den Blick von Mónica abzuwenden, wehe, sie bekommt ihn nicht, dann mache ich euch alle kalt.

Cintia ist die einzige Unverheiratete, die nicht an den Bändchen zieht, sondern in ihrer Ecke sitzt und heult, und wenn nicht noch immer der Revolver auf sie gerichtet wäre, hätte sie Andrés längst ordentlich eine runtergehauen, damit er sie ein für alle Mal entführt, so wie er gerade Natalia, einem Mädchen vom Jugendclub, ordentlich eine heruntergehauen hat, weil sie den Ring gezogen hat, und nun ist ihre ganze Frisur futsch, wo sie doch extra beim Friseur war, aber das kümmert Andrés nicht, er starrt auf den Ring, auf den einfachen, versilberten Ring, der aussieht, als sei er aus Blech, und fragt, wer hat diesen elenden Mist hier gekauft? Und Cintia antwortet, wenn hier jemand elender Mist ist, dann du, und sie sagt noch zwei, drei Dinge mehr, und um sie zum Schweigen zu bringen, muss Andrés sie nun mit dem Gazeschal von Normas Kleid knebeln, während Mónica gar nichts mehr versteht, was um Himmels willen macht Andrés da? Warum hält er sich nicht an den Plan? Und ist das überhaupt Andrés? Und jetzt glaubt sie zu träumen, denn während Cintia noch immer kreischt und zappelt, zieht Andrés seine Jacke aus und geht zur hinteren Hofmauer, er hängt die Plane ab und zieht das Seil aus den Ösen, um damit Cintia zu fesseln, da fällt Mónicas Blick auf seine riesigen Gewichtheber-Champion-Oberarme, er hält Cintia an den Haaren fest, zwingt sie, sich zu setzen und fesselt sie an den Stuhl, Mónica starrt auf seine Hände, die trotz der Nässe und trotz der zappelnden Cintia noch äußerst geschickt sind, und er wendet sich wieder Mónica zu und steckt ihr den Ring an den Finger, aber mit so einem elenden Mist kommt man ja nicht weit, deshalb schlägt Mónica vor, warum bittest du nicht meine Großmutter um ihren Ring? Und tatsächlich rückt ihn die Alte diesmal widerstandslos raus, weil sie nicht glauben kann, was sie hört und wie erstarrt ist.

Auf dem Video sieht man, wie der Typ mit der Plane sich die Hassmaske vom Gesicht zieht, um Mónica besser anblicken zu können, während er ihr den Ring an den Finger steckt, man sieht, wie sie sich küssen und wie Mónica, die jetzt die Anführerin der Vermummten ist, dem Großvater befiehlt, einen Walzer zu spielen, und genau in diesem Moment springt der ahnungslose Andrés wie abgemacht über die hintere Hofmauer, er hat von der ganzen Aufregung nichts mitbekommen, weil er nämlich den ganzen Abend versucht hat, Nelken für Cintia aufzutreiben und sein Motorrad bei dem Regen zweimal abgesoffen ist, und die Vermummten starren ihn an, weil sie ihn für einen Bullen halten, sie schnappen den Sack mit allem Drum und Dran, hauen ab und lassen die Videokamera liegen, und auf dem Video sieht man ganz zum Schluss noch, wie Osvaldo und Norma Cintia losbinden und versuchen, sie zu beruhigen, wir feiern deinen fünfzehnten Geburtstag mit dem restlichen

Geld vom Lotto einfach noch einmal, versprechen sie, und dabei bemerkt niemand, dass Mónica, dieses Luder, auf dem Weg nach draußen noch einmal in Cintias Zimmer geht und sich die Tasche schnappt und das Geld.

übersetzt von Odile Kennel

Romina Paula
Siesta

Ich ziehe die Schuhe aus und strecke die Zehen ins Wasser. Es ist eiskalt. Ich bleibe einige Minuten auf den Steinen stehen, bis ich mir fast die Fußsohlen verbrenne, dann tauche ich die Füße ein. Bekomme Gänsehaut davon. Ich ziehe mein T-Shirt aus und schaue zu den Pappeln hinüber. Erkenne die undeutlichen Gestalten meines Bruders und Damiáns im Schatten und, ein wenig weiter links neben ihnen, in der Sonne, Laura, bewegungslos. Ich ziehe die Hose aus und setze mich ins Wasser. Nachdem sich meine Haut an die Temperatur gewöhnt hat, lege ich mich auf die Felsen, und das Wasser fließt durch mich hindurch, spiegelt mich, erfrischt mich. Genau, es erfrischt mich. Ich lehne mich zurück. Schließe die Augen und bleibe so liegen: die Vorderseite meines Körpers in der Sonne, der Rücken unter Wasser. Jetzt kann das Wasser mich wie einen Kiesel polieren. Ich lasse mich gehen, lasse meine Gedanken sich verlieren, sehe sie an mir vorüberziehen, als seien sie Fremde, als seien sie völlig losgelöst von mir. So bin ich vor ihnen sicher.

Ich versuche, ganz leer zu werden und Damián und meinen Bruder, alles Unwichtige, überhaupt alles aus meinem Kopf zu bekommen, die Anspannung, die Unentschiedenheit, die Zukunft, die Unklarheit, das Vermissen, das Sichentscheiden-Müssen, das Für und das Wider, die Fehler, die Cliquen, den Klüngel, die Vorurteile, die Standpunkte, das Sich-auf-eine-Seite-schlagen-Müssen, mal auf die eine, mal auf die andere.

In dieser Leere, die blank und bleich wie die Sonne ist, in diesem flüssigen Nichts, kann ich meiner Vorstellung freien Lauf lassen.

Ich stelle mir vor, was ich gerne hätte. Ich denke es mir aus, und schon besitze ich es, schon gehört es mir. Ein wenig wie beim Kleinen Prinzen, der den Piloten bittet, ihm etwas zu zeichnen, ein Schaf oder eine Ziege, irgendein kleines Tier in einer Kiste, damit er es sich nach Belieben vorstellen kann. Genau so.

Wie nachts, wenn ich mir beim Einschlafen die Wirklichkeit vorstelle, wie ich sie gerne hätte, ich stelle mir vor, was ich gerne erleben würde und wie. In meinen Träumen sehe ich immer viel besser aus als in Wirklichkeit, ich sehe so gut aus, dass ich mir gefalle, ich stelle mir vor, dass ich schön bin und weniger schüchtern, je besser ich aussehe, desto weniger schüchtern bin ich. Oder ich stelle mir gar nichts vor. Denn manchmal, so wie jetzt, heißt sich etwas vorstellen, an nichts denken zu müssen. Fast ganz zu verschwinden, ein Felsen im Fluss zu sein, ein dummer, nützlicher Felsen. Obwohl das ehrlich gesagt nicht immer so gut funktioniert, weil dieses Nichts, ob ich es will oder nicht, meist von Laura belagert wird. Weil Laura Platz darin einnimmt. Sogar ziemlich viel Platz. Wie zum Beispiel jetzt. Was genau will ich mir vorstellen, wie könnte es aussehen? Hier die Fakten: der Fluss, ein Sommernachmittag, mein Bruder, sein Freund, sie, ich. Zunächst einmal müssen wir alleine sein. Laura kommt zu mir herüber, weil sie keine Lust mehr auf Schatten hat und sich ein wenig neben mir sonnen und im Fluss abkühlen will. Sie hat Lust zu quatschen, will mit mir reden, über alles Mögliche, über Jungs, über was auch immer. Sie legt sich hin. Und da liegen wir beide, die Bäuche in die Luft gestreckt, das Gesicht in der Sonne und reden über alles Mögliche. Vielleicht erzählt sie mir einen Traum, ja, das könnte gut sein, das tut sie ganz bestimmt. Irgendwann vernehme ich die Stimme meines Bruders. Er ruft mir etwas vom Ufer aus zu, ich richte mich auf. Er sagt, dass er und Damián etwas zu trinken holen gehen und dass sie das Auto nehmen.

Perfekt. Laura hat sich nicht bewegt. Ihr linker Arm liegt als Schutz vor der Sonne wie ein Haarband über ihren Augen. Ohne sich zu rühren, will sie wissen, was die beiden gesagt haben, und ich erzähle es ihr. Sie sagt, umso besser, und dass die Idioten erst gar nicht wiederzukommen brauchen, weil es sowieso viel besser ohne sie ist. Ich schweige und lehne mich wieder zurück. Sie fährt fort, dass sie es satt hat und sich langweilt, dass das Leben hier sie zu Tode langweilt, dass sie schon überlegt, nach den Ferien nicht in die Schule zurückzukehren. Ich sage, dass sie spinnt. Sie erwidert, dass sie nach Buenos Aires will, dass ihr alles egal ist, dass sie hier die besten Jahre ihres Lebens verschwendet, dass alles sie anödet, dass sie ihre Zeit verliert und nichts passiert. Ich frage sie, was denn ihrer Meinung nach passieren sollte. Sie sagt, dass sie das nicht so genau weiß, aber dass sie auf jeden Fall erst einmal Leute kennenlernen will, mehr Auswahl haben möchte als zwischen immer denselben fünf Idioten, dass hier alles Blödköpfe sind und die Älteren alle schon verheiratet, mit Bauch und so, und dass sie sich abgesehen davon vor ihnen ekelt. Dass alle sie langweilen, dass diese Idioten sie allesamt langweilen und dass sie obendrein völlig beschränkt, ja totale Trampel sind. Ich muss lachen. Sage, dass ich nicht glaube, dass es in Buenos Aires anders ist, denn wenn sie hier Trampel sind, sind sie es überall. Sie erwidert, dass es wenigstens länger dauern wird, bis sie sie alle kennt. Und dass es außerdem nicht nur um Jungs geht, sondern um Sachen, die man unternehmen kann, ins Kino gehen, in Cafés. Ich erinnere sie daran, dass sie keinen Kaffee mag, sie erwidert, dass das nur ein Bild ist. Dass es in Cafés schließlich auch andere Sachen zu trinken gibt, Limonade oder Bier zum Beispiel, und dass sich keiner daran stört, wenn man stundenlang mit einem Getränk dasitzt und liest oder sonst was tut oder einfach nur Leute beobachtet. Ich werfe ein, dass ich mir nicht so richtig vorstellen kann, wie sie stundenlang in einem Café sitzt und liest. Sie sagt, sie auch nicht, aber wer weiß, vielleicht geht es ja nur darum, die Möglichkeit zu haben, und wenn sie die hätte und stundenlang in Cafés sitzen könnte, käme sie vielleicht auf den Geschmack. Dass ihr der Gedanke an und für sich gefällt. Dass sie abends mit dem Kopf voller Ideen und Bilder aus dem Café käme, von den Büchern, die sie gelesen und den Leuten, die sie beobachtet hätte, und natürlich von den Leuten, die den Nachmittag mit ihr im Café verbracht hätten, und dann würde sie stundenlang herumlaufen und sich verlieren, völlig anonym sein, niemand würde sie kennen oder erkennen, stundenlang würde sie zwischen fremden Leuten und Gebäuden herumlaufen, durch unbekannte Straßen, grüne Welle hätte sie und würde Straße um Straße überqueren, bis ihr die Füße wehtäten. Ich frage sie, ob sie sich nicht ein wenig einsam fühlen würde, so ganz ohne jemanden zum Quatschen. Sie denkt nach. Sagt, dass das schon sein kann. Und dass es nur eine einzige gute Sache hier gibt. Nämlich mich. Dass sie froh ist, dass sie mich hat, weil ich die Einzige bin, mit der sie quatschen und es sich gut gehen lassen kann. Ich sage danke, und sie erwidert, dass ich mich nicht zu bedanken brauche, weil es ganz einfach die Wahrheit ist und sie mich eben am allerliebsten mag. Ich dich auch, sage ich, ich sage, dass ich sie auch am allerliebsten mag, und sie fügt hinzu, zum Glück. Ich lese »zum Glück« auf ihren Lippen unterhalb des Ellbogens, der die Nase bedeckt. Ich tunke die Hand ins Wasser und fahre durch ihr Haar, das auf der anderen Seite des Armes, mit dem sie die Sonne abhält, hervorschaut. Das Kastanienbraun ihres Haars wird im Sommer immer etwas heller, vor allem am Pony. Sie zuckt ein wenig, bekommt Gänsehaut, sagt aber nichts. Ich mache das Gleiche noch einmal: tunke die Hand ein, sammle in der gewölbten Hand ein wenig Bachwasser und lasse es ihr über die Stirn rinnen. Das Wasser dringt in ihr Haar und rinnt weiter, bis nach unten, lässt ihren Kopf nass werden. Ich mache eine Weile so weiter. Laura liegt da und sagt kein Wort. Meine Zweifel sind wie weggeblasen. Ich beuge mich vor und küsse sie. Ganz vorsichtig, als würde ich nur kurz ihren Mund einatmen, dann löse ich mich wieder von ihr. Zu meiner Überraschung nimmt sie den Arm nicht vom Gesicht. Bewegt sich nicht, sagt nichts. Tut sie jetzt so, als sei nichts geschehen? Stellt sie sich schlafend? Stimmt sie wortlos zu? Ich schaue zum Ufer hinüber, aber da ist niemand. Ich schaue Laura an, die sich nicht bewegt hat. Wende mich ihr wieder zu, ihrem Mund, sie rührt sich immer noch nicht. Meine Zunge trifft ihre Zunge. Sie stößt mich nicht weg, sie ist also einverstanden. Lässt den Kuss zu, erwidert ihn. Ich höre Schritte im Wasser. Spüre ein paar Tropfen. Öffne die Augen, schaue hoch. Vor mir steht Laura, die echte, im Bikini, und setzt sich neben mich. Ich drehe mich auf den Bauch. Ob ich sauer bin, will sie wissen. Nein, ich bin nicht sauer. Jetzt spielt sie das Spiel mit den Tropfen. Sammelt Wasser in ihren zusammengelegten Händen und lässt es tropfenweise über meinen Rücken rinnen. Sie zeichnet Kreise mit den Tropfen, geometrische Figuren oder Buchstaben, riesige Namen, sie schreibt ihren eigenen Namen, aber sie kann die Worte nie beenden, weil das Wasser zu schnell verdunstet auf meinem sonnenheißen Rücken. Jetzt verteilt sie die Tropfen mit der Fingerspitze. Zeichnet Figuren. Ein Schauer läuft mir den Rücken hinunter, meine Haut strafft sich. Laura will, dass ich mit meinem Bruder rede, er soll seine Freundin verlassen und stattdessen mit ihr zusammen sein. Ich sage, dass ich über so etwas mit meinem Bruder nicht spreche. Schüttele mich, füge hinzu, es reicht. Sie erwidert, dass ich verbittert und schlecht drauf bin, und zwar so was von schlecht drauf. Sie legt sich neben mich auf den Rücken, schmollt. Schließt die Augen, als wolle sie von mir nichts mehr wissen. Bewegt noch ein Weilchen die Hände, gießt sich Wasser über den Bauch und summt etwas, ein Lied, das ich aus dem Radio kenne, dann verstummt sie und rührt sich nicht mehr, eine Hand auf dem Bauch, die andere wie ein Kissen unter dem Kopf. Ich setze mich auf, vorsichtig, fast geräuschlos. Schaue sie an, denke: Wenn du die Augen öffnest, küsse ich dich. Ich zähle bis fünf, Laura rührt sich nicht. Ich lehne mich zurück, hole tief Luft, schließe die Augen.

übersetzt von Odile Kennel

Edgardo González Amer
Trauer um Eva Perón

Ich werde vom Tod meines Vaters erzählen. Gäbe man mir die Gelegenheit, ihn neu zu erfinden – keine Ahnung, was für eine Geschichte ich mir ausdenken würde. Diese hier scheint mir die am wenigsten glaubhafte von allen, wahrscheinlich deswegen, weil es die wahre ist.

Javier, Federico, der Irre Pomare und ich saßen auf dem Bahnsteig. Wir warfen Steine auf die toten Gleise der ehemaligen ›Fortschritts‹-Linie der Eisenbahngesellschaft Urquiza, gegen die Scheiben des verlassenen Bahnhofsgebäudes, gegen die durchlöcherten Blechdächer und auf die ersten Ratten, die es wagten, uns unter die Augen zu treten. Die neuen Generationen wurden immer waghalsiger; unterdessen begann das Gras, das erst seit Kurzem tote oder fast tote Gelände zu überwuchern, und zwar hier, an der Stelle, wo der von meiner Mutter und mir geführte Zeitungsstand gerade so überlebte beziehungsweise mit dem Tod focht.

Wir standen morgens um halb sieben auf und öffneten den Stand eine Stunde später, wobei wir uns fragten (sich meine Mutter fragte), wieso wir es überhaupt taten.

Die Pakete mit den Zeitungen wurden immer dünner, und zwischen dem Gras und den hohen Mauern der Kühlschrankfabrik löste sich der Juninebel nicht vor elf Uhr auf.

»Hier steht die Luft still«, sagte meine Mutter und hatte Recht. Kälte wie Hitze, Feuchtigkeit und alle möglichen Gerüche (die mit der fortschreitenden Vernachlässigung des Bahnhofes immer unangenehmer wurden) stauten sich um uns auf; wir schienen an ihnen wie an Schätzen festzuhalten, als handele es sich um das Einzige, was uns als Wertanlage blieb. Von den Insekten ganz zu schweigen: Mücken, Wespen und surrende rote geflügelte Ameisen. Tote Kakerlaken, die sich in der Ecke häuften, in der früher der Fahrkartenschalter gestanden hatte.

»Jeden Tag fege ich Kakerlaken zusammen, und jeden Tag tauchen neue auf«, beschwerte sich meine Mutter. »Wo kommen sie nur alle her? Und dann auch noch in totem Zustand.«

Aluvión stieß etwa um zehn Uhr zu uns. Der Irre Pomare hatte ihn *Aluvión de Pensamientos* getauft, Gedankenfrachter Aluvión, weil er immer irgendwelche merkwürdigen Ansichten im Schlepptau führte; mittlerweile nannten wir ihn einfach nur noch Aluvión. Er war um die fünfundsechzig und drückte sich jeden Morgen am Zeitungsstand herum, um meiner Mutter Gesellschaft zu leisten, eigentlich aber drangsalierte er sie nur. Mit den anderen, ebenso alteingesessenen Händlern, darunter die Armenier, tat er dasselbe; eine Angewohnheit, seit er in Rente war.

Der ehemalige Lehrer und Metallarbeiter hatte sich selbst zum eingefleischten Peronisten ernannt; gerne beschwor er bei halbgeschlossenen Augen, was er als das *Jahrhundertereignis* bezeichnete: die Trauerfeier um Eva Perón.

»Millionen trauriger Menschen«, betonte er immer wieder, wobei er die Augenbrauen hochzog, sich vorbeugte und die Worte ausspuckte und dann wieder einsog. »Das war wahre Trauerkraft, sage ich euch.« »Ein Ozean, der verdunstet und zu Wolken wird. Die Wolken verwandeln sich in Regen, und dieser kehrt in den Ozean zurück. Deswegen ist nach so vielen Jahren die Trauer noch nicht versiegt.«

»Das ist mir ein schöner Kunde«, beschwerte sich meine Mutter. »Gerade einmal in der Woche die Zeitung kaufen, und dann muss man ihn auch noch pausenlos ertragen.«

»Haben Sie eine Ahnung, weswegen diese Bahntrasse hier geschlossen wurde, Gnädigste?«, fragte er mit geheimnisvoller Stimme, wobei er sich an die Stirn griff, als brenne ihm der Kopf.

»Weil wir den Zeitungsstand gekauft haben, der von diesem Bahnhof abhing«, antwortete meine Mutter.

»Da irren Sie sich gewaltig, Gnädigste, da irren Sie sich«, und Aluvión wies mit kraftlosen Händen zum Himmel, streckte Hände und Finger aus, eine zittrig flehende, gebrochene Geste inmitten der Einöde. »Weil Evita gestorben ist. Evita, Gnädigste. Sie nämlich hätte die Arbeiter nicht verhungern lassen.«

»Sie nehmen mich wohl auf den Arm? Evita ist ungefähr seit zwanzig Jahren tot.«

»Seit achtzehn Jahren, Gnädigste, seit achtzehn. Umso mehr gilt, was ich gesagt habe. Glauben Sie etwa, dass die Geschichte sich nicht ihre eigene Zeit genehmigt?«

»Ich bin keine Peronistin«, antwortete meine Mutter scharf, um ihn loszuwerden.

»Es gibt nichts anderes, meine Liebe.« Aluvións Ausdruck verdunkelte sich; unterdessen dehnte er die Pause zwischen den Worten, oder aber es war die Pause zwischen den Worten, die sich auf sein Vergessen legte. Die Wüstensonne löste sich auf und machte den Schatten und dem vom Wind hochgefegten Sand Platz. Da fiel ihm wieder ein, was er sagen wollte; etwas nämlich ließ ihm keine Ruhe, dabei wusste er nicht einmal genau, was es war, oder er wusste es, fand aber keine Worte dafür. Er schüttelte den Kopf, als habe ihn die Hoffnung verlassen.

»Und wenn *La Libertadora* zurückkehrt, wird alles nur noch schlimmer. Denn zurückkehren wird sie ganz sicher. Perón wird zurückkommen, und mit ihm die *Befreierin*. Von uns bleibt dann keine Spur mehr. Wie damals, 1955. Ja, schlimmer noch als 1955. Sogar unsere Namen wird man ausradieren. Sie werden uns in die Luft sprengen. Uns alle.«

»Wen bitte meinen Sie mit *uns*?«

»Sie und mich, meine Liebe, und diese Jungs hier. Wie alt ist Ihr Sohn?«

»Vierzehn.«

»Ausgerechnet.«

»Lassen Sie diesen Wirbel, regen Sie sich nicht auf.«

»Wir brauchen einen Plan«, sagte er zornig. Dabei legte er einen Ton an den Tag und vollführte Gesten, die eigentlich zu einem anderen Gespräch gehörten, oder zu gar keinem.

Meine Mutter lachte bitter auf: »Woran wir vor allem denken sollten, ist an die Hypothek. Armer Irrer. Viel fehlt nicht mehr, und wir sind unser Haus los ...«

»Seien Sie weise, Gnädigste, seien Sie weise ... Lassen Sie das Unbedeutende geschehen, schalten Sie sich nicht ein. Die Dinge kennen unsere Bestimmung.«

»Die ganz große Scheiße ist unsere Bestimmung«, entgegnete der Irre Pomare, und wir fielen in Schweigen. Meine Mutter sortierte die Zeitungen, Aluvión käute eine Zigarette wieder. Der Irre Pomare und ich warfen Steine.

»Die Armenier. Die haben wenigstens gewusst, wie mit diesem Stand Geld zu machen ist«, bemerkte er hier und da. Es waren genau solche Kommentare, die, von diesem Hitzkopf ausgesprochen, meine Mutter zur Weißglut brachten. »Aber sie haben den Stand an euch verkauft, und nun trifft euch das Unglück.«

»Das Unglück besteht darin, dass wir dazu bestimmt sind, die zu sein, die wir eben sind«, warf meine Mutter lakonisch ein.

»Man soll aber den Glauben nicht aufgeben, verzeiht, wenn ich immer wieder darauf bestehe.«

Wir warfen munter weiter Steinchen gegen unterschiedliche Zielscheiben. Der Irre Pomare stieg auf die Masten und holte das Signalschild runter, die schwarz-rot angestrichene Metallfahne und das farbige Glas: Gelb, Rot und Grün. Er schenkte alles Federico. Zuvor hatten wir die Bronzeglocke abmontiert und sie gegen einen Stapel Zeitschriften ausgetauscht. Wir spielten gerne mit den Signalen, genossen das

Gefühl, etwas in den Händen zu halten, das einmal ganz hoch oben angebracht und damit unerreichbar gewesen war.

»Es ist kaum mehr ein Kunde übrig«, beklagte sich meine Mutter, »nicht einmal die Hauszustellungen reichen weit.« »Schande über die, die diesen Streckenabschnitt dichtgemacht haben«, brach es manchmal aus ihr hervor. »Und dann noch diese Ratten, die immer mehr werden. Demnächst fressen sie uns noch den letzten Zeitschriftenvorrat auf.«

»Es wird einen Grund für ihre Existenz auf Erden geben«, sagte Aluvión, und meine Mutter fand das zum Glück irgendwie komisch.

Mein Vater starb an einem Sonntag. Am Tag zuvor hatte der Irre Pomare eine Zwille dabei, um unseren Schottersalven mehr Kraft zu verleihen. Meine Mutter meckerte uns vom Zeitungsstand aus an, und wir zogen uns zurück, um ihr nicht in die Quere zu kommen. Da war kein Glas mehr, das zu zerdeppern gewesen wäre, also setzten wir uns auf das dritte Gleis und warteten das Auftauchen irgendeines Tieres ab, das uns als Zielscheibe dienen würde und an dem wir so unsere Treffsicherheit üben könnten.

Sich auf stillgelegte Gleise zu setzen brachte jene Ruhe, die Dinge einflößen, die niemals wiederkehren. Wie wenn man am Ende des Schuljahres die Hefte fortwarf oder Lehrer aus den Vorjahren grüßte. Alle Unruhe verflog, und je mehr Einzelheiten aus der unnützen Welt wir uns zu eigen machten (die verrosteten Eisennägel, die die Schienen fixierten, die Ölspuren der Loks auf den Schwellen aus Quebracho-Holz, der eine oder andere verlorene Bolzen, die Kabelstrecken der Schalt- und Signalsysteme), umso besser fühlten wir uns.

Federico schien das alles am meisten zu genießen. Er warf seine Krücken fort und legte sich neben die Schienen. An diesem Ort hier brauchte er nicht zu gehen, musste nicht nicht-gehen. Außerdem sahen wir aus dieser Perspektive niemanden, und niemand sah uns. Über uns das Firmenschild der Kühlschrankfabrik: Es krönte diesen Turm, der irgendein berühmtes holländisches Bauwerk imitierte, und schien sich in eine leichte Beuge zu begeben, bevor es den unteren Saum der Himmel sacht berührte.

Während der Mittagsstunden ertönte die Fabriksirene alle fünfzehn Minuten: Arbeiter wurden zum Essen gerufen – Arbeiter wurden zur Arbeit gerufen – Arbeiter wurden zum Essen gerufen – Arbeiter wurden zur Arbeit gerufen. Vom despotischen Geheul der Sirene inspiriert, sprachen wir zum ersten Mal über Politik: Javier wollte ganz genau wissen, was eigentlich die Linke sei und was die Rechte. Wir fragten Aluvión: Die Rechte, das waren die Reichen, und die Linke, das waren wir. ›Zum Glück‹ hatten wir aber Perón, den er außerdem noch *König Salomon*, *Damokles* sowie *die offenen Wasser des Roten Meers* nannte. Wir verstanden nur Bahnhof.

Der Irre Pomare unterdessen nahm mit der Zwille das auf dem holländischen Turm angebrachte Firmenschild ins Visier, die Wurfgeschosse aber blieben auf halber Strecke liegen. Dann wollte Javier sein Glück probieren, daraufhin ich: Das *G* wurde von einem aufschnellenden Blitz durchquert, prangte über unseren Köpfen, war unser genaues Wurfziel, und es schien beinahe unmöglich, es nicht zu treffen. Doch die Steine flogen nur hoch, um kurz vor dem Ziel fast senkrecht nach unten zu stürzen.

Als die Reihe an Federico war und dieser gegen die Ungelenkheit seiner Beine ankämpfte, also versuchte, eine mehr oder weniger bequeme Haltung zum Schießen einzunehmen, inmitten dieser Regungslosigkeit also – und als handele es sich um einen Pinselstrich, der zu einem ganz anderen Bild, zu einer anderen Landschaft gehörte – flog hoch oben eine Schwalbe über uns hinweg, schnell wie der Blitz. »Der Vogel!«, schrien wir, und ohne zu zögern zielte Federico und schoss.

Der Stein zeichnete exakt eine Parabel nach und erfasste die Schwalbe in vollem Flug. Ein praller Knall, Stein gegen Vogel, und ich erinnere mich daran wie in Zeitlupe, mehr noch, ich bezweifle, dass es nicht in Zeitlupe stattgefunden hat, denn die Wirklichkeit gibt uns manchmal alle Zeit der Welt, ja all den ihr zur Verfügung stehenden Raum, um zu verhindern, dass in uns Zweifel an dem eben Gesehenen aufkommen.

Der Aufprall, die Federn, Schwalbe und Stein, die wie miteinander verschmolzen und tot hinunterstürzten, jenseits der Gleise, auf die lehmige Straße.

»Kommt«, rief irgendeiner von uns, und wir rannten begeistert los, so wie es sich für gute Jäger gehörte, und sahen nach unserer Beute.

Wir überwanden den Stacheldrahtzaun und die Schranke und liefen auf die Straße hinaus. Federico humpelte wie immer hinterher und kämpfte heftig gegen das Gewicht seiner Beine. Mit der Zeit hatten wir gelernt, ihm weder zu Hilfe zu kommen noch ihn allzu sehr abzuhängen. Wir hatten unser Tempo gedrosselt und seinen Bewegungsschwierigkeiten angepasst.

Als wir die Schwalbe fanden, trieb sie in einem Graben, die Flügel aufgespannt, den Kopf im seifigen Wasser. Der Irre Pomare griff sie an den Krallen und hob sie in die Luft.

»Das ist ja schrecklich«, jammerte Federico, »ich wollte sie nicht umbringen.«

Javier und ich zuckten mit den Schultern, der Irre Pomare hielt unsere Beute weiter in die Luft. Ändern ließ sich jetzt nichts mehr daran. Ob wir sie hatten töten wollen, konnten wir nicht sagen, auf alle Fälle war die Schwalbe tot.

Trotz des Frühlings war das umliegende Gelände des Bahnhofs mit vertrockneten, golden gefärbten Blättern bedeckt. Die Platanen mit ihren Frühjahrstrieben und der bald darauffolgenden sommerlichen Frische würden einige Jahre später mit dem Schutt des Bahnhofs *Progreso* verschwinden, genauso, wie die Erinnerung an den Zeitungsstand verblasste. Eine asphaltierte Straße würde alles unter sich begraben.

Sonntag.

Meine Mutter kehrte den Boden um den Zeitungsstand. Mein Vater rauchte. Er hatte im Laden gefehlt und verbrachte mit uns diesen Morgen, der sein letzter sein würde. Aluvión suchte nach einem guten Grund, ein Gespräch zu beginnen und blätterte in seiner Zeitung:

»Ich würde ja sagen, dass dieses Geschäft nicht gerade die richtige Anschaffung war«, warf er in den Raum, als stünde das Thema in irgendeiner Weise an.

»Und wie bitte kommst du jetzt darauf?«, fragte mein Vater eher aus Neugier als aus Ärger.

»Und ich muss den da jeden Morgen aushalten«, sagte meine Mutter. »Scheint fast Teil der Investition gewesen zu sein.«

»... Millionen trauriger Menschen«, sagte Aluvión nun, um das Thema zu wechseln.

»Wovon spricht er?«, wollte mein Vater wissen.

»Von der Trauerfeier um Eva Perón spreche ich. Wer könnte sie vergessen. Diese niemals wieder gesehene Trauerkraft.«

»Ich war auch dabei«, sagte mein Vater nun.

»Wie immer am Zeitvergeuden?«, ertönte die Stimme meiner Mutter.

»Wie ein Ozean, der verdunstet und zu Wolken wird«, fuhr Aluvión fort. Und der Irre Pomare hakte ein:

»Komm auf den Punkt, Alter, sonst gibt's Ärger.«

Mein Vater wiederholte sein »Ich war auch dabei« und fing an zu lachen: »Soll ich davon erzählen?« Aluvión fiel in das Lachen ein, und zwar mit einer gewissen Wehmut, vielleicht sogar mit Trauer, fast als würde das Lachen meines Vaters ihn betrüben.

111

»Die ganzen Leute!«, rief mein Vater mit geröteten Augen. »Und was hattest du da zu suchen?«, hakte meine Mutter ein. »Warst bestimmt aus purer Langeweile unterwegs, was? Du hattest ja weiter nichts zu tun.«

»Ich war dabei, weil ich ganz einfach Lust dazu hatte«, erklärte mein Vater, »und zwar allein. Ganze sieben Stunden habe ich angestanden.« Nun erzählte er von der Plaza de Mayo, und wie der Platz vom fahlen Licht der Fackeln beleuchtet gewesen war. »Ich war jung«, fuhr er fort. Dann begann er wieder zu lachen. Er erzählte, dass er wegen einer schweren Erkältung ein Taschentuch dabeigehabt hatte, das so voller Rotz gewesen war, dass er es kaum mehr benutzen konnte.

Wir waren es gewohnt, meinen Vater niesen oder husten zu sehen, das heißt, wir kannten dieses allergische Geniese und auch den chronischen Husten. In den schlimmsten Fällen löste beides ein furchteinflößendes, alarmierendes Erstickungsgefühl in ihm aus. Aber niemals hatte ich einen Lachanfall bei ihm erlebt, ein derartig zügelloses Lachen wie jetzt. Es begann, als er mit abgehackten Worten fortfuhr, er habe die Schlange, in der er stand, nach so vielen Stunden Warterei nicht verlassen wollen. Immerhin seien es nur noch wenige Schritte bis zum Eingang der Kathedrale gewesen. Das Einzige, was er damals gebraucht habe, sei ein Ort gewesen, an dem er das Taschentuch säubern konnte. Genau in dem Moment, in dem er nach einem Wasserhahn, nach irgendeiner Wasserstelle Ausschau gehalten habe, an der er den Rotz hätte lassen können, sei ein Suppenverkäufer mit entsprechendem Topf im Schlepptau aufgetaucht oder aber ebendieser Verkäufer habe mit seinem Wagen irgendwo nahe der Warteschlage gehalten, an dieses Detail erinnere er sich nicht mehr genau. Hier wurde das Lachen so heftig, dass wir ihn kaum noch verstanden; tatsächlich sprach er nicht mehr wirklich, und wir mussten mit ansehen, wie er sich zuneh-

mend verschluckte, wobei er ab und an ein paar kehlige
Laute ausstieß, unter denen sich einzelne Worte befanden.
Der Suppenverkäufer sei eine Weile unaufmerksam gewesen,
sprach er jetzt wieder deutlicher und schnappte nach Luft,
sodass mein Vater sein Taschentuch in den Kessel gehalten
und vor den Augen aller, die dort mit ihm in der Schlange
standen, ausgewaschen habe. »Ich habe mein verrotztes Tuch
im Suppenkessel ausgewaschen!« – er wand sich vor Lachen.
Sofort hätten ihn die anderen beim Suppenverkäufer ver-
petzt.

»Der Typ machte auf blöd, als kapiere er nicht, worum es
ging, nur um seinen Verkauf nicht zu gefährden!«, schrie
mein Vater vor Lachen. »Die anderen waren völlig verzweifelt. Der da hat sein Taschentuch da drin ausgewaschen! Der
da hat sein Taschentuch da drin ausgewaschen!«. Mein Vater
spielte jetzt die Szene nach, warf die Arme hoch und wies
mit den Zeigefingern auf einen Schuldigen, den die Erinnerung hatte lebendig werden lassen und der er selbst war, inmitten dieser Trauerfeier um Eva Perón. »Aber was zum
Teufel kümmerte das schon den Suppenverkäufer«, fuhr er
fort. »Der zog mit seinem Kessel davon und verkaufte einfach woanders. Er verkaufte den Eintopf mit meinem Rotz
darin!« An dieser Stelle musste mein Vater die Erzählung
unterbrechen, so sehr quälte er sich mit Lachen und Husten.
Er krümmte sich vornüber, spuckte, krümmte sich noch einmal, als müsse er sich übergeben.

Meine Mutter, der Irre Pomare, Aluvión und ich sahen
einander an und starrten gleichzeitig auf meinen Vater, wie
er sich inmitten dieses immer heftiger werdenden Anfalls
nur so bog. Er lief rot an, dann ließ er sich auf den Boden
gleiten, da er sich auf den Beinen nicht mehr halten
konnte.

»Mein Gott«, röchelte er, und »verdammte Scheiße«, während wir das Lachen schon nicht mehr vom Husten und auch

nicht mehr von den Erstickungsgeräuschen unterscheiden konnten.

»Mensch, der stirbt«, sagte Aluvión, und meine Mutter:

»Das fehlte uns gerade noch. Aldo! Aldo!«, und sie schlug ihm ein paar Mal auf den Rücken, um zu sehen, ob das half. Aber mein Vater konnte seinen Anfall nicht stoppen, es schüttelte ihn, er hob und senkte sich und wiegte sich nach links und rechts, seine Backen schwollen an und sanken inmitten des Geröchels wieder in sich zusammen, während der kahle Kopf, das Gesicht, Hals, Ohren, die Hände, ja alles an ihm zitterte und pulsierte und er sich nicht mehr nur rot, sondern auch blau färbte. Und dann lief er violett an.

»Wir müssen irgendetwas tun«, schrie meine Mutter, dazu Aluvión:

»Hebt ihn hoch, hebt ihn hoch.« Der Irre Pomare und ich mühten uns ab, ihn hochzuhieven, zogen an den Armen und rüttelten an ihm, damit er reagierte, aber vergeblich, an diesem Punkt des Anfalls versuchte mein Vater gerade noch, Luft zu bekommen, riss den Mund auf, sah uns hilfesuchend an und zerrte mit letzten Kräften an unserer Kleidung. Auf dem Grund seines irren Blicks sah man eine Spur Klarheit, als wisse er genau, dass er das nicht lebend überstehen würde, und als wolle er uns genau das mitteilen.

Aluvión fing an, von dem einen Ende des Bahnhofs zum anderen zu rennen:

»Hilfe, Hilfe!« Und auch wir schrien um Hilfe und flehten meinen Vater an, er möge dieses oder jenes tun, aber mein Vater konnte nichts anderes, als sich zu winden und zu krümmen und dann, bevor er schließlich das Bewusstsein verlor, Schaum zu spucken.

»Stirbst du?«, war das Letzte, was meine Mutter fragte. Der Irre Pomare stützte den Hals meines Vaters. Ich unterdessen zerrte an ihm, bis er mit voller Wucht mit dem Gesicht nach vorne auf den Zementboden stürzte.

»Ein Krankenwagen«, schrie Aluvión irgendwo vom Bahnsteig zu uns herüber; und erst dann rannten der Irre Pomare und ich los, um ein Telefon zu suchen.

Der Tod meines Vaters ist ein Ort. Wie auch diese Schienen, über die niemals mehr ein Zug fahren wird. Ich sagte vorhin: Der Ort, an dem wir mit Erleichterung feststellen, dass manche Dinge niemals wiederkehren. Der Ort der Dinge, auf die man nicht mehr hofft. Eine stille Mischung aus Trauer und Freude, die wir nicht mit Wehmut verwechseln sollten. Erleichterung in ihrer reinsten und bereicherndsten Form. Eine Verkörperung der Freiheit: nichts begehren, nichts fürchten, nichts erhoffen.

Ärzte sind nicht besonders einfallsreich, wenn es darum geht, die Ursache eines Todes festzustellen; ich denke, dass Wissenschaft unvermeidlich nicht zu mehr taugt. Meine Mutter erbat sich Erklärungen, die man ihr schuldig blieb, dann verfiel sie in Schweigen und sprach sechs oder sieben Wochen lang weder mit mir noch mit sonst jemandem. Sie lief durch das Viertel und das Haus in der Weise derer, die Rache schmieden.

Mehr habe ich nicht zu erzählen. Der Bahnhof verfiel weiter. Der holländische Turm herrschte noch etwa bis 1977 über uns, dann rissen sie die Fabrik ab.

übersetzt von Rike Bolte

Oliverio Coelho
Boa

Lonati fragte sich, wie er in dieser düsteren Wohnung gelandet war. Ein Missverständnis nach zu viel Alkohol, vermutete er. Es war Mitternacht, und seit einer Stunde versuchte er, seine Lage mit Würde zu ertragen. Bewegungslos schaute Francisca ihn an, während er im Wohnzimmer dieser fremden Wohnung saß und in einem Fotoalbum blätterte, nur um den Kontrast zwischen ihrem unbewegten Gesichtsausdruck und der Angst in ihren Augen nicht wahrnehmen zu müssen. Lonati ahnte, dass sie zu der Sorte Frau gehörte, für die nun der Moment gekommen war, in dem ein Mann sich entscheiden musste, auch wenn sie kaum mehr als ein paar Worte gewechselt hatten, geschweige denn sich nähergekommen waren. Er vermutete, dass es besser wäre, ihr den kleinen Gefallen zu tun, als einen Rückzieher zu machen und Reißaus zu nehmen. Aber wie sollte er sich entscheiden, wo er sie doch gar nicht kannte und sie ihn aus heiterem Himmel in einer Discountbuchhandlung erwählt hatte? Wie Zugang finden zu dieser aufgebrachten Sphinx?

Die Stapel von Schallplatten und Kultromanen in den Regalen ließen auf eine empfindsame Frau schließen, von der in diesem Moment jedoch kaum mehr übrig war als ein großer, derber Körper. Ein Körper, der an alles Mögliche, nur nicht an ein zahmes, stilles Tier denken ließ. Ihr Knochenbau rief Erinnerungen an Steppe, an einen uralten Durst wach. Sie hatte eine hervorstechende Nase, doch an den Nasenflügeln war noch die Form einer kindlicheren Nase sichtbar, als hätte sich die jetzige unter ihr hervorgeschoben. Ihr Überbiss vermittelte durchaus eine Vorstellung von prähistorischer Nahrung. Einzig ihre kleinen Brüste und die erigierten Brustwarzen unter dem T-Shirt zeugten davon, dass sie eine Frau war und nicht eine in Ungnade gefallene, tierähnliche Gottheit.

Jeder Wortwechsel ging nach wenigen Sekunden in kurze, unzusammenhängende Monologe über, mit denen Francisca wohl ihre Ungeduld zu zügeln versuchte. Etwas an Lonatis Erstarrung schien sie zu beunruhigen. Vielleicht beendete sie deshalb ihre Sätze nicht. Ihr pausenloses Geplapper und ihre offensichtliche Unfähigkeit zu lächeln zeugten von einer zeitlosen Einsamkeit.

Schließlich erhob sich Lonati. Er hatte gerade einen kühnen Entschluss gefasst. Francisca verstummte, ihre Haltung lockerte sich, und die Entspannung verlieh ihr jetzt etwas Geschlechtsloses, etwas von einem kleinen Tier. Sie kam ganz nah an ihn heran und hauchte, dass ihr Blutdruck sinke und sie sich nicht wohlfühle. Anstatt Salz holen zu gehen, wie er es vorgehabt hatte, küsste er sie. Weder machte das Ausweichmanöver des Kusses irgendetwas einfacher, noch schützte es ihn. Ganz im Gegenteil: Sie waren beide Opfer, denen nur eine kurze Verschnaufpause gegönnt wurde.

Francisca öffnete weit den Mund und bewegte unaufhörlich die Zunge. Das Ganze ähnelte weniger einem amourösen Zwischenspiel als vielmehr einem merkwürdigen chirurgischen Eingriff. Bilder des Schreckens spulten sich in Lonatis Kopf ab. Womöglich würde sie die Kinnlade noch weiter aufreißen, um den Saugprozess ganz zu vollziehen, und dann würde sein Kopf in ihrem Maul verschwinden. In Kürze würden auch Hals, Schultern, Arme und Rumpf ganz und gar in ihrem Magen landen. Er versuchte, sich von Francisca zu befreien, doch sie hielt ihn an der Zunge fest und kniff und knetete diese, als gelte es, den Papillen das Geheimnis seiner Intimität und seiner früheren Frauen zu entlocken.

Sie ging mit jedem Mann die gleiche autistische Beziehung ein. Beim Küssen schien sie in eine lang schon vergangene Situation zurückversetzt zu werden, schien eine Erinnerung aufzusaugen, die zu leidenschaftlich war, um sich einem real existierenden, fremden Körper zu stellen. Es war, als steigere sie sich in eine Verletzung hinein und hätte doch längst beschlossen, dass sie nie über sie hinwegkäme. Angesichts dieser Verletzung waren alle Männer gleich für sie. Dieses anorganische Innenleben, das für die eigenen Schwächen und Fehler nur zu empfänglich war, nährte ihre weibliche Matrix. Aus diesem Grund hegte und pflegte Francisca im Gegensatz zu anderen Verrückten ihre Gefräßigkeit und ihr Raubtiergebiss und hielt sich in Sachen Leidenschaft an keine Konvention und an kein Höflichkeitsritual, das aus dem anderen womöglich ein Gegenüber gemacht hätte.

Lonati schob sie mit den Armen von sich. Seine einsame Lust hatte ihn in eine gefährliche Lage gebracht. Ihm war, als müsse er sich von einem riesigen Saugnapf befreien. Ihr Speichel war ungewöhnlich zäh. Er begriff, dass er sich ihr nicht durch Flucht entziehen konnte – ihm war, als hätte er bleischwere Glieder –, sondern nur durch eine Ausrede, die ihm einen Grund verschaffte, wiederzukommen. Deshalb schlug er ihr einen Deal vor: Wenn sie ihn hinausließe, käme er in wenigen Minuten mit einer Überraschung zurück. Da sie seine Angst vor dem Verschlungenwerden mit Schüchternheit verwechselte, lächelte sie und erwiderte, dass er sie nicht mit solchen Spielchen zu täuschen brauche: Sie werde ihn sowieso gehen lassen. Und ob er heute oder an einem anderen Tag oder überhaupt nicht zurückkäme, sei ihr egal. Sie sei Männern nichts schuldig. Das brachte Lonati auf eine Idee. Er deutete an, dass er mit einem anderen Mann zurückkehren werde. Die Abwegigkeit des Wortes »anderer« verwirrte Francisca für einen Moment. Da er fürchtete, erneut von ihr aufgesaugt zu werden, wich er zum Ausgang zurück.

Er hatte sich vorgestellt, dass er, wenn er erst draußen wäre, losrennen würde, aber eine seltsame Vision, die ihn schon beim Betreten des Hauses überkommen hatte, lähmte ihn: Er befand sich im Stadtviertel seiner Jugend. Nur einen Häuserblock weiter hatte er ein ganzes Jahrzehnt seines Lebens verbracht. Manche Gebäude hatten sich verändert, die Atmosphäre jedoch war die gleiche geblieben. Vielleicht hatte er sich deshalb abschleppen lassen. Nach nur wenigen Metern sah er sich mit wohlbekannten Szenen konfrontiert, in denen noch immer dieselben, nun aber gealterten Menschen die Hauptrolle spielten. Unter den Vordächern geschlossener Geschäfte schliefen zahlreiche Bettler. In der Hitze eines giftig wirkenden, bläulichen Feuers tollten zwischen Möbeln und Geräten ihre Hunde herum und erinnerten an schmutzige Stofftiere.

Schon nach wenigen Schritten stieg in Lonati das Bild eines Obdachlosen auf, der anders als die anderen gewesen war: immer alleine unterwegs, hatte er nie den Radius des Häuserblocks überschritten und sich von seinesgleichen ferngehalten. Ein Nervenleiden schien ihm das Sprechen zu erschweren, und beim Gehen bewegte er kaum die Knie. Sein Körper war wie ein einziger Klotz. Lonati erkannte ihn sofort wieder, er lag auf einer Türschwelle, wie schon vor Jahren schlaflos, mit offenen Augen, von Verfall und Schmutz gezeichnet. Er stellte sich vor ihn und bewegte die Hände, als wolle er einen Autisten aus der Reserve locken. Der Obdachlose schaute ihn an, ohne ihn wahrzunehmen und ohne sich der Bedeutung des Augenblicks gewahr zu werden.

Lonati zog ihn am Arm, zwang ihn, sich zu erheben und fasste im selben Moment einen neuen Plan. Er wusste, was er mit diesem Körper vorhatte. Dies hier war eine einmalige Gelegenheit. Er hatte einen Großteil seines Lebens auf genau so einen Augenblick gewartet. Die Bedingungen für sein erstes und letztes Verbrechen hätten besser nicht sein können. Wenngleich ihm für sein Debüt das Corpus Delicti fehlte.

Der Obdachlose fing an, sich zu rühren und schleppte sich einige Schritte bis zum Bordstein. Lonatis tückisches Vorhaben war offensichtlich unumsetzbar. Er ließ davon ab und kehrte zu seiner Ursprungsidee zurück: Francisca einen Mann zu bringen. Er lenkte seine Beute so geschickt, dass sie binnen Sekunden bei ihr vor der Tür standen. Er klingelte, sie drückte den Türöffner der Gegensprechanlage, ohne erst zu fragen, wer da war. Lonati durchquerte mit dem Obdachlosen den Flur, und als Francisca die Wohnungstür öffnete, stieß er ihn hinein. Halbnackt und entgeistert starrte Francisca auf den Körper ihres neuen Gastes.

»Dieser Mann setzt keinen weiteren Schritt in meine Wohnung, bevor er nicht gebadet hat!« Gesagt, getan. Als habe sie eine Erleuchtung, rannte sie auf Zehenspitzen ins Bad und ließ das Badewasser einlaufen. Wie sie sich vorbeugte, blitzte in ihrem Körper etwas Raubtierhaftes auf.

Gemeinsam zogen sie den Mann aus. Seine Haut war wettergegerbt. Unter einer Schicht ranzigen, grauen Haars sah man aufgeweichte und verformte Tattoos. Dass sie es augenscheinlich mit einem alten Seebären zu tun hatte, ermutigte Francisca. Es wurde ein sehr kurzes Bad. Lonati musste nicht eingreifen. Er machte es sich im Sessel bequem und stellte fest, dass er Franciscas Qualitäten viel besser zu schätzen wusste, nun, da jemand anderes ihr Opfer war.

Er hatte geahnt, was kommen würde – aber mit solch einer Überstürzung der Ereignisse hatte er nicht gerechnet. Franciscas Gier ließ nicht einmal die Andeutung eines Balzrituals zu. Anscheinend hielt sie es nicht für nötig, den versteinerten Mann zu umwerben oder ihm irgendeine Form der Zärtlichkeit zu gewähren. Die beiden kamen nackt aus dem Bad. Trotz seines Hundelebens hatte der Mann noch männliche Instinkte. Dass sein Körper dabei nicht einmal zuckte, stand in merkwürdigem Gegensatz zu dem, was sich zwischen seinen Beinen abspielte. Sein penetranter Blick war allein auf Francisca gerichtet, seine Miene ansonsten völlig ausdruckslos. Er bewegte nur eine Hand, als Francisca sein Gesicht mit Küssen bedeckte und sich in das Ritual hineinsteigerte, das sie mit Lonati nicht hatte zu Ende bringen können. Ihr Mund schwoll rasch an und bildete einen Saugnapf. Langsam gab der Kopf des Mannes dem Druck der Schleimhäute nach. Als zöge ihn ein mächtiges Räderwerk nach innen, verschwanden der Hals und kurz darauf die Schultern in Franciscas Schlund. Aus der Tiefe konnte man ein Wimmern und Schreien vernehmen, der letzte Widerhall eines frenetischen Spektakels: Während die eine Hälfte des Mannes verzweifelt strampelte, hatte Francisca die andere bereits verschlungen.

Die Bewegung der Beine ließ zeitgleich mit den Schreien nach. Francisca bog die unvermittelt ruhig und schlaff gewordenen Beine mit den Händen gerade, drehte sie im Mund, fasste einen der Füße und stopfte sich, als hantiere sie mit einer Saugglocke, die restliche Hälfte des Körpers in den Mund. Während die Dame noch mühsam kaute und zwischen ihren Zähnen die Schienbeine knirschend splitterten, ergriff Lonati auf Zehenspitzen die Flucht. Er rieb sich die Hände, denn eines stand fest: Ein gewisser Anspruch in Liebesdingen rettet einem manchmal den Kopf.

übersetzt von Odile Kennel

Carlos Blasco

Picota und Abel Barros

Im Unterschied zu Picota Guzmán hatte Don Abel Barros noch nie einen Polizisten getötet, nicht aufgrund moralischer Vorbehalte – die hatte er durchaus –, sondern weil er sich nie gezwungen sah, so etwas zu tun. Er hatte auch keine Frau auf dem Gewissen. Unter dem Strich hatte Abel Barros viel weniger Menschen getötet als Picota.

Als Picota sein erstes Verbrechen beging, war er gerade mal acht Jahre alt. Es handelte sich um ein unbedeutendes Delikt, kaum mehr als einen Dummejungenstreich. Jahre später würde sich der Subcomisario Maldonado an diesen Vorfall, ein Vorzeichen all dessen, was später kommen sollte, erinnern: Zwei von Picotas Freunden, sechs und sieben Jahre alt, bewarfen das Dach des Kiosks der Witwe Martínez mit Steinen. Die alte Frau ging in den hinteren Teil des Geschäfts, um der Ursache des Lärms auf den Grund zu gehen. Picota nutzte die Gelegenheit und stahl ihre kläglichen Tageseinnahmen von 40 Pesos, ein Dosenbier, Zigaretten und vier Schokoriegel. Die Witwe rief die Polizei, ein Nachbar hatte alles gesehen, und wenige Stunden später wurden sie geschnappt. Sie lagen auf einer Brache, ziemlich betrunken und benebelt vom Tabak. Sie taten mir leid, denn sie waren noch so jung, erinnerte sich Maldonado. Am Ende geschah nichts, niemand erstattete der Witwe die gestohlenen Sachen, weder das Bier noch die Schokoriegel, die Zigaretten oder die zersprungenen Fensterscheiben. Picotas Zuhause war ein chaotischer Ort. Manchmal gab es zu essen. Fast immer war es besser, das Weite zu suchen. Der Freund, den Picotas Mutter damals hatte, war unberechenbar. Er vertickte Koks und trug eine Schusswaffe bei sich. Aus Angst vor ihm erstattete am Ende niemand eine Anzeige. Aber der Enkel der Witwe, ein vierzehnjähriger pubertierender Junge, schwor sich, dass die Sache damit nicht erledigt war. So spürte Picota eines Nachmittags auf dem Bolzplatz des Viertels, wie man ihn von hinten am Kragen packte. Das Nächste, was er spürte, war ein dumpfer Hieb ins Gesicht, der ihn benommen zu Boden warf. Dann Fußtritte in den Rücken und in die Hüfte und schließlich ein Stockschlag neben der Schläfe, der ihm das Augenlid aufriss. Seit damals bedeckt Picotas rechtes Auge ein grauer Hautlappen, der sich bei jedem Blinzeln langsam hochzieht. Sieben Jahre später, nach Straftaten, die nicht über den Diebstahl von Stereoanlagen, Fahrrädern, Überfällen auf Telecafés und den Besitz von Drogen hinausreichten, rächte Picota jene Tracht Prügel in seiner Kindheit mit einem Mord, der ihn auf die nächste Stufe seiner Karriere brachte. Im Viertel wird nichts vergessen und erst recht nicht, wenn die Beteiligten sich jeden Tag über den Weg laufen, sich Blicke zuwerfen und sich Ressentiments jahrelang aufstauen. In einer Nacht im Juni feierte Gustavo Palacios, der Enkel der mittlerweile verstorbenen Witwe Martínez, mit Freunden und seiner Freundin seinen einundzwanzigsten Geburtstag. Es gab Pizza und Bier im Haus seiner Tante. Um drei Uhr morgens verließ Gustavo mit seinem Cousin, der mit ihm in der Werkstatt arbeitete, das Haus. Er hatte ein paar leere Pfandflaschen dabei und überquerte die Straße, um in einem fünfzig Meter entfernten Kiosk Bier zu kaufen. Viele behaupten, es sei Zufall gewesen, und wahrscheinlich war es das auch, dass Picota gerade dort in dem verrosteten Ford Falcon, der seinem Schwager gehörte, vorbeifuhr. Zusammen mit zwei Freunden hatte er seit vier Uhr nachmittags Bier getrunken und gekokst. Stunden später sollte Gustavos Cousin in seiner Zeugenaussage, noch völlig unter Schock und es selbst kaum glauben könnend, bestätigen, dass Picota, nachdem er Gustavo zuerst nur leicht angefahren und damit ein paar Meter vor das Auto geschleudert hatte, beschleunigte und ihn nochmal mit voller Wucht traf und dreißig Meter mit dem Wagen mitschleifte. Dabei habe er sich halb aus dem Fenster gebeugt und völlig außer sich zum Vorderreifen hinuntergeschrien: »Schau nach, ob der Motor Öl verliert, Arschloch ... schau nach, hey ...!« Picota war damals sechzehn Jahre alt.

Nach drei Jahren in der Besserungsanstalt für Minderjährige ist Picota wieder draußen. Er dreht größere Dinger und hat sich mit schweren Jungs angefreundet. In der Szene wird er respektiert. Nur wenig später wird er als Hauptverdächtiger des Mordes an seiner Exfreundin verhaftet. Sie wurde mit zwölf Messerstichen in der von ihr gemieteten Einzimmerwohnung, zu der Picota einen Schlüssel hatte, aufgefunden. Aber seine geheimen Beziehungen zu einem hohen Funktionär in der Provinzverwaltung, für den er schon einige Jobs erledigt hatte, halfen ihm, wieder auf freien Fuß zu kommen. Die Polizei hatte begriffen, dass Picota mittlerweile unantastbar geworden war. Dort, wo er zuschlug, entstanden im Handumdrehen Zonen, in denen die Polizei nicht eingriff. Die Beamten kannten sein Vorstrafenregister, sie wussten, dass es nichts gab, was Picota etwas bedeutete, dass er sich an keinen Ehrenkodex hielt. Wie bei jenem Mord in der Besserungsanstalt für Minderjährige, ein Junge aus Paraguay, der wegen eines Diebstahls einsaß und eines Tages unter einer Matratze erstickt aufgefunden wurde, ein vierzehnjähriger Junge.

Dennoch fehlte Luis Miguel Guzmán – auf diesen Namen hatte ihn seine Mutter getauft – nicht mehr viel, bis er die Grenzen seines Glücks kennenlernen sollte. Bezüglich seines Namens machte eine Anekdote die Runde, die niemand bestätigen konnte, aber vollkommen glaubwürdig erschien: Lange Zeit vor der Besserungsanstalt, an einem Grillabend im Viertel, hatte jemand, der ihn nicht kannte, sich einen angetrunken und Picota vor einigen anwesenden Mädchen lächerlich gemacht, indem er ihn mit dem gleichnamigen Sänger aus Mexiko in Verbindung brachte. Auf dem Gelage mit Bier und Wein aus Tetrapaks hatte einer angefangen, auf die Saiten einer Gitarre einzudreschen. Ein langer dünner Junge, der nicht von dort war und gehört hatte, wie Picota einer Dunkelhaarigen und ihren zwei Freundinnen seinen Namen sagte, sagte so laut, dass es alle hören mussten, zu ihm: »Sing doch ein Liedchen, Luis Miguel!« Dabei klopfte er ihm lachend auf die Schulter. Die, die wussten, wie Picota tickte, erstarrten vor Schreck, als wären sie für die Beleidigung verantwortlich. Der dicke Garrafa nuschelte noch ein »da hat sich wohl einer ein wenig im Ton vergriffen«. Picota blickte auf die fremde Hand auf seiner Schulter, und bevor dieser oder jemand anderes hätte reagieren können, schnappte er zu wie eine Mausefalle, zerschlug die Bierflasche, die er in seiner Hand hielt, in dem Gesicht des anderen und schubste ihn ins Grillfeuer, aus dem ein paar Freunde den Kerl herausziehen mussten. Ein Teil seiner Haare brannte, und das Auge, in dem ein Glassplitter steckte, blutete. Man erzählt sich, dass Picota mit seinen Freunden einfach davonspaziert sei, nachdem er sich noch ein paar Bierflaschen eingesteckt hatte, so als sei nichts passiert.

Picotas Stunde schlug an einem Augustnachmittag im Jahr 1998. Seit zwei Tagen hatten sich der dicke Garrafa, der ›Negro‹ Leiva und er in ihre Höhle zurückgezogen und nahmen einen Cocktail aus Artane-Tabletten, Alkohol und Kokain zu sich. Plötzlich kam es ihnen in den Sinn, eine Tankstelle im Zentrum zu überfallen. Sie waren bewaffnet, die Gesichter hatten sie nicht einmal maskiert. Picota war die Straffreiheit zu Kopf gestiegen. Er fühlte sich, als könnte er sich alles erlauben, als sei alles, was er anstellte, in Ordnung. Der Wachpolizist sah, wie Picota mit einer Pistole in der Hand hereinkam. Er erhob sich aus dem Stuhl, von dem aus er mit dem Pförtner zusammen Fußball schaute, und drohte seine Dienstwaffe zu ziehen, doch da entlud Picota schon vier Kugeln in seine Brust und eine in den Kopf des Pförtners. Alles ging blitzschnell. Ein anderer Polizist kam aus der Toilette, und es gelang ihm, den Dicken abzuknallen. Der ›Negro‹ flüchtete nach draußen und wurde Stunden später von einem Streifenwagen erwischt. Er war zu Fuß über ein Feld in der Nähe des Flughafens gerannt. Mit zwölf Kugeln im Rücken.

Picota saß da schon in seinem Auto auf der Überlandstraße, die Tachonadel am Anschlag. Sein Haftbefehl galt für die gesamte Provinz, doch die unausgesprochene Order lautete, ihn zu töten, wo immer man ihn anträfe. Ein Befehl, der von ganz oben kam. Picota dachte zuerst daran, über die Grenze nach Chile zu fahren. In vier Stunden könnte er schon außer Landes sein. Doch er hatte falsch kalkuliert, an der Grenze wurde er schon erwartet. Irgendwann schien ihm zu dämmern, dass der Kreis sich langsam um ihn schloss, unausweichlich. Er befand sich wenige Kilometer von Aguada Bagual entfernt, wo er tanken und Alkohol kaufen wollte. Was er nicht wusste, war, dass er bald auf Don Abel Barros treffen sollte.

Don Abel Barros war fast sechzig Jahre alt, wenig war über sein Leben bekannt. Man erzählte sich, dass er als Jugendlicher wegen eines Rinderdiebstahls von einem Tag auf den anderen in den Süden Chiles aufgebrochen sei. Und dass er dort mehrere Jahre gelebt habe, manchmal als Krabbenfischer, manchmal als Tagelöhner in einem Sägewerk, bisweilen ohne Job. Er hatte eine Frau gehabt, die unter nicht geklärten Umständen gestorben sei; angeblich habe er sie sehr geliebt. Sein Gesicht war vom Frost zerfurcht, und sein Körper war bereits gekrümmt. Dennoch sprang er immer noch in den Sattel seiner Fuchsstute. Seine zweite Frau hatte ihm zwei Kinder geschenkt, bevor sie ihn verließ, weil er ein

Trinker war. Eines der Kinder starb an Pseudokrupp, der Jüngere zog in die Stadt und kehrte nie zurück. Seine Vergangenheit war voller Scheidewege und Schatten. Er kannte sich an vielen Orten aus. Manche sagen, er sei in der Provinz La Pampa geboren, andere, er sei aus Mendoza, wo er als Jugendlicher einen Polier umgebracht habe. Und obwohl sein Ruf als Messerheld seit Langem verflogen war, steckte immer noch ein Dolch in seinem Gürtel. Jetzt im Alter überlebte er, so gut er konnte, in einer Hütte in Flussnähe, in die er sich wochenlang zurückzog, mit nichts mehr als ein paar Keksen und viel Gin. Aber in jener Nacht war Don Barros ins Dorf gegangen, um mit den Leuten zu trinken, in der Bar am Ortseingang.

Picota traute sich nicht, zur Tankstelle zu fahren. Es war schon Nacht. Er stellte den Wagen hinter einem Baum ab und entschied sich, in die Bar am Rand der Überlandstraße zu gehen. Er wollte sehen, ob er jemanden überreden konnte, für ihn einen Kanister Benzin zu kaufen. Die ungepflasterte Straße war nass, draußen standen ein Pferd und ein Fahrrad. Mit der Neunmillimeter im Gürtel schritt er durch den Streifenvorhang und steuerte auf die Bar zu. Eine einzige Person saß am Tresen, ein alter Landsmann mit rotem Kopf, den Schlapphut tief ins Gesicht gezogen. Picota beruhigte sich. Die Bedienung war die Frau des Wirts, eine korpulente Frau. Sie ging in den hinteren Ladenraum und kam wieder. Sie kümmerte sich wohl gerade um das Abendessen. Picota sah den Alten an, dessen starrer Blick auf das Glas Gin gerichtet war, und wurde wieder unruhig, weil er nicht bedient wurde. Er schlug mit der Hand kräftig auf den Tresen:

»… hey … ist da jemand …?! Verdammt …« beendete er seinen Satz.

»Erst mal 'n guten Abend«, hörte er den Alten zu seiner Rechten in einem lehrerhaften, aber bestimmten Tonfall sagen. Picota drehte seinen Kopf und sah, dass der Alte ihn anblickte. Er musterte ihn: Der Alte reichte ihm kaum bis zu den Augen. Der Typ war ungefähr einsfünfundsiebzig groß. Picota verspürte den Impuls, ihn mit einem Faustschlag niederzustrecken, aber er durfte nicht auffallen, außerdem war das nur ein betrunkener Scheißalter. »Mach dich vom Acker, Alter, mal sehn, ob ich dir vorher noch eine lange …«, zischte Picota, fast ohne seinen Mund zu öffnen, und drehte seinen Kopf wieder zu dem hinteren Ladenraum. Er wollte die Frau, die nicht kam, rufen. Aber bevor er etwas hätte tun können, bemerkte er in just jenem Sekundenbruchteil im Augenwinkel, dass der Alte zu einer unerwartet schnellen Bewegung ansetzte. Im selben Sekundenbruchteil, in dem er annahm, dass der Landsmann aufgrund seiner Trunkenheit zusammenklappte und schon im Fallen war. Der Zeitpunkt, in dem er noch den Reflex verspürte, ihm auszuweichen, vom Tresen abzurücken, sogar mit der Hand hinter seinen Gürtel zu fassen, um die Neunmillimeter zu ziehen. Aber keiner dieser Reflexe löste einen Impuls zu handeln aus. Stattdessen empfing er einen dumpfen Schlag unter das Kinn, unter die Zunge und konnte klar und deutlich einen Arm sehen, der unter seinem Gesicht zurückschnellte und wieder an die Schulter des Alten zurückkehrte, und die Schulter an den Hals mit den geschwollenen Venen, und der Hals zu dem Gesicht mit den Augen, die ihn anzuspringen schienen. Ein metallischer Geschmack breitete sich in seinem Mund aus.

Als die Frau des Wirts aus der Küche zurückkam, sah sie ungläubig jenen großen Jungen, der am Tresen stand und ein Messer bis zum Schaft in seinem Kopf stecken hatte. Die Klinge bohrte sich von unten durchs Kinn, durch die Zunge und den Gaumen, um in den porösen Knochen des Rachens vorzustoßen und wie ein Keil seinen Mund zu verschließen. Picota zitterte, blinzelte sehr schnell, und der graue Hautlappen klappte auf seiner rechten Pupille auf und ab. Seine Arme waren verkrampft und starr, und eines seiner Beine zitterte und schlug schwach mit dem Schuh auf den Boden. Abel Barros hält ihn am Revers seiner Jacke und zieht ihm mit einer Drehung sein Messer raus, als würde er ihm einen Gefallen tun. Dann geht er zwei Schritte zurück, ohne ihn überhaupt anzusehen. Das Blubbern und der Brechreiz vermischen sich mit dem hysterischen Schreien der Frau. Picota brach für immer in sich zusammen, während ein Schwall Blut aus Nase und Mund quoll.

»Mal sehn, wer sich hier vom Acker macht … Hurensohn«, sagte Abel Barros zu der auf dem Tisch ausgestreckten Leiche Picotas und ging.

In den Ermittlungsakten wird die Todesursache von Luis Miguel Guzmán als Totschlag aus Notwehr in Folge eines bewaffneten Überfalls beschrieben. Eine Hypothese, die vom Gericht trotz des Fehlens von Zeugen, aufgrund der im Gürtel des Opfers gefundenen Waffe und seines Vorstrafenregisters bestätigt wurde. Don Barros saß einundeinhalb Jahre in Haft, in dieser Zeit aß er wieder richtig, und die Wächter schenkten ihm Zigaretten. Ein Jahr später wurde er in der Nähe seiner Hütte tot aufgefunden. Es war in einer Woche, in der es mehrmals so kalt gewesen war, wie man es seit langer Zeit nicht mehr erlebt hatte. Vielleicht war er eingeschlafen oder in betrunkenem Zustand vom Pferd gefallen. Die Autopsie kam zu dem Ergebnis »Herz- und Atemstillstand«. Die Fuchsstute behielt der Wirt des Lokals und Schwager des Kommissars.

übersetzt von Timo Berger

Pedro Mairal
Heute Früh

Wir brechen früh auf. Papa fährt einen bordeauxfarbenen Peugeot 404, gerade erst gekauft. Ich klettere auf die hintere Ablage und lege mich der Länge nach hin. Das ist bequem. Ich fahre gern gegen die Rückscheibe gelehnt, so kann ich schlafen. Auf das Wochenende auf dem Land freue ich mich immer, denn unter der Woche mache ich in der Stadt nichts anderes, als unten im Hof, in dem Lichtschacht über der Tiefgarage, einen Tennisball zu kicken; eingeschlossen von vier hohen Wänden, die vom Ruß der Verbrennungsanlage verschmutzt sind. Wenn ich hochschaue, habe ich das Gefühl, in einem Schornstein zu stecken, und wenn ich schreie, dann komme ich nicht sehr weit; der Schrei dringt nicht zu dem quadratischen Ausschnitt durch, den man vom Himmel sieht. Die Reise zu unserem Häuschen auf dem Land holt mich aus diesem Schacht.

Auf den Straßen ist wenig Verkehr; vielleicht weil heute Samstag ist oder weil es noch nicht so viele Autos gibt in Buenos Aires. Ich habe ein Matchbox-Auto in einem Glas zum Insektensammeln dabei und ein paar Wachsmalstifte, die ich der Größe nach ordne und nicht in der Sonne vergessen darf, sonst zerlaufen sie. Dass ich auf der Ablage liege, findet niemand besonders gefährlich. Ich mag diese schützende Ecke unter der Heckscheibe, neben dem Aufkleber des Sportausstatters ›Proveeduría Deportiva‹. Während der Fahrt schaue ich mir die Frontseiten der Autos an, denn sie sehen aus wie Gesichter: Die Scheinwerfer sind Augen, die Stoßstangen Schnurrbärte und der Kühler Zähne und Mund. Manche Autos sehen freundlich aus, andere böse. Meine Geschwister finden es gut, wenn ich auf der Ablage liege, dann

haben sie mehr Platz für sich. Erst als ich nicht mehr drauf-
passe, weil ich ein Stück gewachsen bin, oder wenn es zu
heiß ist, setze ich mich während der Fahrt hin. Wir fahren
eine lange Allee entlang. Ich weiß nicht, ob es an den vielen
Ampeln liegt, doch wir fahren langsam, außerdem ist der
Peugeot mittlerweile ziemlich kaputt: Der Auspuff ist lose,
und man muss fast schreien, um sich zu verständigen. Eine
der hinteren Türen schließt nicht mehr, also hat Mama sie
mit der Leine von Miguels Drachen festgebunden.

Die Fahrt dauert ewig. Vor allem, wenn die Ampeln nicht
aufeinander abgestimmt sind. Wir streiten um die Plätze am
Fenster; keins von uns drei Kindern möchte in der Mitte sitzen. Auf der Autobahn General Paz stecken wir abwech-
selnd die Köpfe aus dem Fenster, dazu setzen wir uns die
Schwimmbrille von Vicky auf, damit uns vom Fahrtwind
nicht die Augen tränen. Mama und Papa sagen nichts dazu.
Nur wenn wir an der Polizei vorbeikommen, müssen wir uns
gerade hinsetzen und die Klappe halten. Als wir schon den
Renault 12 haben, fällt Miguel einmal die halbe Sammlung
seiner ›Titanen-im-Ring‹-Figuren aus dem Fenster, und Papa
hält auf dem Seitenstreifen, um sie wieder einzusammeln,
weil Miguel schreit wie am Spieß. Da sehe ich, wie sich
plötzlich zwei Soldaten nähern, die Maschinengewehre auf
uns gerichtet, um uns mitzuteilen, dass wir uns auf militäri-
schem Gebiet befinden. Sie stellen Papa einige Fragen, tas-
ten ihn auf Waffen ab, überprüfen seine Papiere, und dann
müssen wir weiterfahren, ohne die Miniaturen der berühmten Fernseh-Wrestler aufheben zu können, die am Boden
verstreut liegenbleiben, selbst die mit dem Autogramm von
Martín Karadagián.

Papa sucht im Radio nach klassischer Musik, manchmal
bekommt er den Sodre-Sender rein. Wir gehen hinten an die
Decke, wenn Papa plötzlich die Lautstärke aufdreht und
sagt: »Hört euch das an«, sodass man mitten in einem Judo-

kampf eine Schweigeminute einlegen muss, um sich eine Arie oder ein Adagio anzuhören. Später, als es dann Kassettendecks für Autos gibt, steht die Fahrt zum Landhaus unter der absoluten Herrschaft von Mozart. Wir schauen auf die breite Straße, die wir hinter uns lassen, die gefällten Bäume mit den weiß bemalten Stämmen, und hören die Streichquintette, Symphonien, Konzerte für Klavier, Opern. Vicky stiftet uns zu einem Aufstand an, der darin besteht, die Sopranstimmen von *Figaros Hochzeit* oder *Don Giovanni* mit unserem Lieblingsgesang aus Kindheitstagen zu übertönen, der so geht: »Wir wollen essen, essen, essen, geronnenes Blut im Kräutersud!« Doch später nimmt sich Vicky Bücher mit auf die Reise und liest, ohne irgendjemanden zu beachten, still und jedes Mal genervter, weil sie mitkommen muss; bis sie an den Wochenenden in der Stadt bleiben darf, um mit ihren Freundinnen, die sich schon mit Jungs treffen, ins Kino zu gehen. So haben Miguel und ich beide einen Fensterplatz sicher, selbst wenn wir einen Freund mitnehmen.

Wir haben das Gefühl, wir kommen nie an. Auf halber Strecke müssen wir lange warten, während Mama die Gelegenheit nutzt, dass Papa zum Arbeiten zu Hause geblieben ist, um Gartenmöbel oder Pflanzen zu kaufen. Auf der Rückbank spielen Miguel und ich mit einem Schnorchel Luftanhalten, wobei wir uns gegenseitig die Öffnung vom Rohr zuhalten, um sicherzugehen, dass keiner schummelt. Oder wir improvisieren eine Runde Kricket mit einem zerknüllten Papier und den beiden Schwimmflossen. Wir müssen so lange warten, dass Tania anfängt zu bellen, weil sie es nicht länger aushält, hinten eingeschlossen zu sein – im Ford Falcon Rural, der nach dem Renault kommt. Endlich ist Mama zurück, mit Pflanzen oder Blumentöpfen oder irgendeinem Möbelstück, das auf dem Dach festgeschnallt werden muss, und es geht weiter.

Miguel bringt immer einen anderen Freund mit. Gespannt und in regelrecht perverser Erwartung verfolge ich ihr Kommen, weil ich weiß, sobald wir da sind, werden sie in die Falle tappen, die Miguel immer schon vorbereitet hat: eine tote Maus in den Gäste-Gummistiefeln, das Gespenst aus der Scheune, das Märchen von den Killerschweinen, die Fallgrube neben der Palmenreihe, mit Blättern und Ästen zugedeckt, die vom Haus aus zu sehen ist. Wenn wir am Morgen mit dem Auto im Stau stehen, beobachte ich die Freunde von Miguel und koste erstmals vom Bösen. Die Leichtgläubigen und Überheblichen sind mir am liebsten, da ich genau weiß, dass sie die Demütigung, zu denen ich auf eine unbestimmte Weise beitrage, besonders trifft. Wer einmal von Miguel eingeladen wurde, kommt in der Regel kein zweites Mal mit.

Seit der erste Autobahnabschnitt gebaut und die Mautgebühr eingeführt wurde, fließt der Verkehr besser. Vicky fährt auf eigene Faust, mit Freundinnen, die ein Auto haben. Papa kommt fast gar nicht mehr mit. Während der Fahrt im klapprigen Rural, Mama am Steuer, schnappt Miguel sich meinen Zeichenblock, um Pläne zu kritzeln und Strategien auszuhecken, wie er Vickys Freundinnen heimlich beim Umziehen beobachten kann. Später kommt Miguel immer seltener mit, und ich habe die gesamte Rückbank zum Schlafen für mich. Mama bremst und weckt mich, damit ich Kühlwasser nachfülle, denn der Kühler leckt und lässt den Motor heißlaufen. Wir kaufen ein Sandwich am Straßenrand.

Am Bahnübergang, wo früher immer ein, zwei fliegende Händler warteten, sitzen jetzt beinamputierte Menschen im Rollstuhl, die betteln, und andere, die Zeitschriften, Bälle, Kulis, Werkzeug oder Puppen verkaufen. Auch an den Ampeln des kleinen Ortes, durch den wir kommen, wird gebettelt, es werden Blumen und kalte Getränke in Dosen verkauft. Man hat Papa den Ford Sierra aus der Firma überlassen, der Zentralverriegelung hat, und weil Miguel vor Kurzem ausgeraubt wurde, will Mama, dass ich die Türen verriegle und an den Ampeln die Fenster hochkurble, die Händler jagen ihr Angst ein. Sie meint, sie würden sich auf sie stürzen, außerdem könne Duque sie beißen. Dann wird es auf die Klimaanlage geschoben, dass wir nur noch mit geschlossenen Fenstern fahren. Das Auto wird zur Sicherheitskapsel mit eigenem Mikroklima. Draußen liegt immer mehr Müll herum, die Wände sind mit politischen Sprüchen beschmiert. Drinnen erklingt Musik in glasklarem Sound aus der neuen Anlage, und Mama erträgt geduldig die Kassetten von Soda Stereo oder Police, die ich einlege.

Das Auto ist schneller, und man hat die ganze Zeit über das Gefühl, jeden Augenblick anzukommen. Besonders, seit ich selbst fahre, denn ich gebe ordentlich Gas, ohne dass Mama es merkt; sie sitzt entspannt auf dem Beifahrersitz und betrachtet ihr neuestes Lifting im Spiegel, das ihre Haut nach hinten zieht, als wäre es eine Folge der Beschleunigung. Später, nachdem Papa gestorben ist, möchte sie, dass Miguel fährt, der wie ein verlorener Sohn zurückgekehrt ist, nachdem Vicky nach Boston gezogen war. Mir kommt die Landstraße immer schmaler vor, denn ich fahre den gelben Ford Taunus von Chinos Vater, dessen Fenster wir geschlossen halten; nicht aus Angst vor einem Raub, sondern um von den Rauchschwaden unserer Joints richtig eingenebelt zu werden. Wir hören *Wild Horses* und erleben beinahe spirituelle Augenblicke, in denen die dahinrauschende Straße in dieser weiten, flachen Landschaft eine feierliche Langsamkeit gewinnt. Danach kommt das Auto von Gabrielas Mutter, das zum Glück Diesel tankt, denn so verbrauchen wir nicht so viel auf unseren kleinen Fluchten, die wir unternehmen, sooft es geht, um allein zu sein. Die Enteignung ist bereits im Gespräch, doch noch ist es eine Befürchtung, die erst zwei

Generationen später Wirklichkeit wird. Gabriela trägt kurze Kleidchen, die mich dazu zwingen, einhändig zu fahren, um mit der anderen Hand ihre Oberschenkel streicheln zu können, langsam die Knie hoch, ohne schalten zu müssen, weil ich Vollgas gebe, während Gabriela mir direkt ins Ohr pfeift, ich soll mich nicht so beeilen. Nie hat sich die Anreise derart hingezogen. Das Haus ist weit weg, scheint unerreichbar.

Etwas später wächst Gabrielas Bauch an, und wir machen den Ausflug aufs Land, um uns an das Familienleben zu gewöhnen. Ihr Bruder leiht uns seinen VW. Mittlerweile schnallen wir uns an und bangen um unser Leben, doch es sind nur noch wenige Kilometer. Wir lassen die Jahre immer schneller hinter uns. Es sind viel mehr Autos unterwegs, und man muss mehr Maut zahlen. Die Autobahn wird gerade fertiggestellt. Wir halten an einem Rasthof und streiten. Gabriela sitzt heulend auf der Toilette. Ich muss sie überreden, wieder herauszukommen. Später kaufen wir den Babysitz für Violeta, und die Kleine schläft auf dem Rücksitz, ebenfalls mit Sicherheitsgurt. Alle drei angeschnallt.

Ich trete das Gaspedal durch, weil ich zum Mittagessen da sein möchte. Gabriela sagt, das muss nicht sein, wir können doch bei McDonald's halten. Wir streiten. Gabriela zeigt mir die kalte Schulter. Ich setze mir die schwarze Sonnenbrille auf und fahre noch schneller. Dann nutze ich die Fahrt, um mir Demo-Tapes mit Radio-Jingles anzuhören. Die Hände halte ich fest am Lenker des Escort. Es ist nicht mehr weit. Gabriela möchte, dass ich langsamer fahre, später kommt sie gar nicht mehr mit, sondern fährt an den Wochenenden mit Violeta zu ihrer Mutter. Ich bin allein im Auto und höre mir die Konzerte für Klavier von Mozart auf CD an, sie haben einen vollendeten Klang. Der Allradantrieb macht kaum Geräusche. Die Autobahn ist fertiggebaut, von Stacheldraht gesäumt, damit die Leute sie nicht überqueren. Ich rase über den Asphalt. Ein Blick auf den Tacho:

165 km/h. Gleich kommt die Stelle. Schon von Weitem sehe ich die drei Palmen und warte auf die Reihe. Sie kommen näher, ich nähere mich, bis die erste Palme die anderen verdeckt, und rufe »hier«, so als wollte ich es herausschreien, sage es aber leise, sage es genau an dem Punkt, wo vor der Enteignung unser Haus gestanden hatte, bevor sie es abrissen, um die Autobahn dort entlangzuführen. Für eine Tausendstelsekunde habe ich das Gefühl, noch einmal durch die Zimmer zu laufen, stehe an dem Bett, auf dem Miguel und ich ›Titanen im Ring‹ gespielt haben, gehe zwischen Mamas Pflanzen an den Gräbern von Tania und Duque vorbei, spüre die feuchte, metallische Luft, den Geschmack der grünen Trauben, die wir auf den Grund des Schwimmbeckens haben sinken lassen, um nach ihnen zu tauchen, die Angst vor der Schlange, die unter einer Platte lag, die Regennacht, in der wir einen Ball durch das einzige zerbrochene Glas eines Fensters schossen, um uns mit einer Laterne gegenseitig auf die Suche zu schicken, zwischen Pfützen und Kröten. Heute ist es eine endlose Blechlawine, die über dieses Phantom hinwegrollt, das einmal unser Haus gewesen ist. Es ist Punkt zwölf und die Sonne funkelt auf dem Asphalt. Ich bin ein geschiedener Mann, der in einer Werbeagentur arbeitet und zum ersten Mal in die geschlossene Wohnanlage fährt, in der sein Bruder lebt, die Wegbeschreibung jedoch vergessen hat und sich verfährt, ein Kerl, der nicht weiß, wo er halten soll, und fährt und fährt, seit er heute Früh aufgebrochen ist, vor langer Zeit, hinten auf der Ablage ausgestreckt.

übersetzt von Sarah Otter

Andi Nachon
Eins, zwei, drei, Tangoschritt

Eins, zwei, drei. Jeden Schritt zusammen gehen.

Er in seinen guten Schuhen. Die immer blitzblank sind. Du siehst sie nicht, weißt aber genau, dass sie glänzen. Du stellst dich barfuß auf diese Schuhe. Und los. Eins, zwei, drei: Jeden Schritt zusammen gehen.

Jetzt der Rückwärtsschritt. Blick zur Seite. Er zählt den Takt. Du gehst mit seiner Stimme mit. So will Tango getanzt sein. Es ist weder Neujahr. Noch Weihnachten. Sondern irgendein Nachmittag, einfach einer dieser vielen Nachmittage. Du bist alleine mit ihm. Eins. Zwei. Drei. Mama ist unterwegs.

»Tango tanzt man blind.«

Eins. Zwei. Drei. Jeden Schritt zusammen gehen. Auf seinen glänzenden Schuhen deine nackten Füße. Und deine Augen sind auch seine. Es ist der letzte echte Milonguero, der den Tango lebt. Unterdessen nehmen die Siebzigerjahre ihren Lauf, rasen dahin, um senkrecht in den Abgrund zu stürzen. Schon längst hat er keinen Wagen mit Fahrer mehr, und an einem Nachmittag, an dem Mama nicht zu Hause ist, bringt er dir das Tanzen bei. »Lass dich führen. So. Eins. Zwei. Drei.«

Jeden Schritt zusammen gehen. Lass dich fallen, eins mit seiner Stimme, die den Takt nicht mehr zählt, aber leise, ganz leise im Pfeifen dieses Tangos ohne Text mitschwingt, und damit im Takt bleibt. Du wirst umarmt. Schnörkellos und ohne Pirouette. Ein Tanzabend-Tango für die Tochter, als wärt ihr auf der Milonga, nur würde diese allein für dich ausgerichtet. Und seine Augen sind jetzt deine, während die Siebziger zerschellen und der junge Peronist arbeitslos wird.

Das heißt, für eine Sache kämpfen und die Flucht antreten. Weder Amis noch Marxisten. Hier steht einer seinen Mann, kann Nein sagen und weigert sich vor dem Militärtribunal, die Gewerkschaftslisten herauszurücken. Dein Vater, voller Angst, bringt dir an diesem Arbeitslosennachmittag das Tangotanzen bei. Während seine Stimme schon nicht mehr zählt, zählst du jeden Schritt in Gedanken mit: eins, zwei, drei. Zusammen gehen.

Der Sohn eines Anarchisten ist kein Streikbrecher. Er leistet Widerstand. Und fürchtet sich. So nämlich wird dieser Tango getanzt, dieser Tango, der jetzt dich trägt. Der Druck der Hand auf deinem Rücken zeigt dir, wo es langgeht: schön gerade halten. Bloß keinen Blickkontakt. So geht das mit dem Tango, so gehört es sich. Er wiederum lässt sich von dem taktangebenden Schleifen der Schuhsohlen tragen, das das Wohnzimmer in einen Ballsaal verwandelt, in einen glänzenden Tanzsaalboden, wie damals, als die Fünfziger dahinzogen und er rebellierte. Dein Vater, ein einziger Tango: Auf den Umzug vom Stadtrand ins Zentrum folgt Schachspielen im *Richmond*, dann heißt es noch auf einen Wermut ins 36 *Billares* oder frühmorgens Gespräche in Cafés, in denen die Welt aufersteht, vorm Untergang gerettet wird, Welt wird für alle, oder eben nicht. Auch wenn die Jungs schon grau werden und die Pomade nicht mehr ganz so glänzt wie damals. Und manche Jungs nicht mehr dabei sind. Nie mehr dabei sein werden.

Jetzt geht es weiter mit diesem Tango, auf seinen zertanzten Schuhen. Eins. Zwei. Drei.

Zusammen gehen. Er zeigt dir, was ist. Was nicht mehr sein wird. Du bist acht Jahre alt, hast ein Nachthemd an: Wenn du die Augen schließt, wird der Stoff wieder lebendig, du spürst, wie er sich an seinem Anzug reibt, an der Nadelstreifenhose, der weichen Brust, dann das Hemd dort, wo du deine Wange ablegst und dabei irgendwo hinsiehst, nur nicht in seine Augen. Die deine Augen werden. Später. Acht Jahre bist du alt, grippekrank, und, nur mit deinem Nachthemd bekleidet, lernst du den Tango tanzen, an diesem verschlossenen Arbeitslosennachmittag: ein Tango, wie er im Buche steht.

Väterlich ist die Umarmung, die dich führt, wenn es heißt, lass dich gehn, lass dich tanzen, die Schritte schleifen über den Boden und markieren den Takt. Das ist ein Tanz für dich, du bist eine russische Prinzessin, das Bauernmädchen der Revolution. Dein Vater und dein Land stürzen ins Unglück, du aber ahnst von all dem nichts. Allein acht Jahre im Takt – eine Erinnerung ist er, dieser Tango, ganz wie es sich gehört, schleift er alles mit sich, führt im Schlepptau, was einen Vater ausmacht, Augen, von denen aus zu sehen, von denen aus die Welt zu errichten wäre. Oder eben nicht. Eins. Zwei. Drei. Immer schön zusammen gehen.

Was wird dir, nach dem ganzen Hokuspokus und dem Salon-Gehabe, noch etwas bedeuten, dieser Tango *for export* erzählt nichts von dir, nichts von den blitzblank geputzten Schuhen dieses Mannes, nichts von seinen Schritten, die deine führten. *Compadritos*, *Chambergos*, Blondinen à la *Rubia Mireya*, alle kehren sie plötzlich wieder! Was dich betrifft: Es spielt an diesem Nachmittag, dauert gerade ein paar Takte, dann begräbt es die Geschichte; die Ereignisse begraben dich und deinen Vater, der nicht mehr hier ist. Nicht mehr hier sein wird. Ganz wie früher. Eins. Zwei. Drei. Jeden Schritt zusammen gehen. Wenn dich einer fragt: »Tanzt du Tango?«, wirst du brav sagen:

»Nein. Nicht einmal, wenn ich mir ein Herz fassen würde.«*

übersetzt von Rike Bolte

---

* »Si yo tuviera el corazón …« lautet der Refrain des berühmten Tangos *Uno* von Enrique Santos Discépolo aus dem Jahre 1943. Der Text von Nachon greift auch andere Tangozeilen auf, wie etwa »Así se baila el tango« (›So tanzt man Tango‹).

Quellen und Biographien

Carlos Blasco wurde 1976 in Plaza Huincul (Provinz Nequén) geboren. Er ist Autor und Drehbuchschreiber und unterricht Literatur. Sein Beitrag für diese Anthologie mit dem Titel »Picota und Abel Barros« ist auf Spanisch bisher nur im Internet veröffentlicht worden (www.andameta.overblog.es, 2009). © Carlos Blasco 2009

Félix Bruzzone, Jahrgang 1976, ist Grundschullehrer. Er hat Erzählungen in verschiedenen Anthologien und bisher einen Erzählband sowie einen Roman (*Los topos*, 2008) veröffentlicht. Die Erzählung »Unimog« stammt aus seinem Erzählband 76 (Buenos Aires: Editorial Tamarisco, 2008), der demnächst in dt. Übersetzung im Berenberg Verlag erscheinen wird. © Félix Bruzzone 2008

Fabián Casas wurde 1965 in Buenos Aires geboren, wo er als Journalist und freier Autor arbeitet. Casas publizierte mehrere Bände mit Erzählungen, zuletzt *Los Lemmings y otros* (2005). 2007 wurde er mit dem Anna-Seghers-Preis ausgezeichnet; auf Deutsch erschienen von ihm *Mitten in der Nacht* (luxbook, 2009) und *Lob der Trägheit* (Rotbuch, 2010). Die Erzählung »Die profane Strafe« stammt aus *Los Lemmings y otros* (Buenos Aires: Santiago Arcos editor, 2005). © Fabián Casas 2005

Oliverio Coelho, geboren 1977 in Buenos Aires, schreibt für die Tageszeitungen *La Nación, Clarín* und *Perfil*. Sein Anthologiebeitrag »Boa« findet sich im Original in dem Sammelband *Antología de narrativa argentina*, Bd. 3 (Buenos Aires: Subsecretaría de Industrias Culturales, Gobierno de la Ciudad Autónoma de Buenos Aires, 2006). © Oliverio Coelho 2006

Julia Coria wurde 1976 in Buenos Aires geboren, wo sie an der Universität Soziologie unterrichtet. Die Erzählung »Fiesta« stammt aus ihrem ersten veröffentlichten Buch *Permiso para quererte* (Buenos Aires: Editorial Sudamericana, 2003). © Julia Coria 2003

Washington Cucurto, geboren 1973 in Quilmes, ist Lyriker und Romanautor. Auf Deutsch erschien von ihm u.a. eine Auswahl von Gedichten in dem Band *Die Maschine, die kleine Paraguayerinnen macht* (Berlin, SuKuL-TuR, 2004) sowie *Schuhe aus Leinen* (Berlin, SuKuLTuR, 2008). Bei seinem Anthologiebeitrag handelt es sich um einen Auszug aus *Las aventuras del Señor Maíz* (Buenos Aires: Interzona, 2005). © Interzona editora, Buenos Aires 2005

Mariana Enríquez wurde 1973 in Buenos Aires geboren. Sie ist Journalistin und hat bisher zwei Bücher veröffentlicht: *Bajar es lo peor* (1994) und *Como desaparecer completamente* (2004). Ihre Erzählung in dieser Anthologie hingegen ist ein bisher unveröffentlichter Originalbeitrag. © Mariana Enríquez 2009

Edgardo González Amer ist der älteste der in dieser Anthologie vertretenen Autoren – im Geiste aber der jungen Autorengeneration Argentiniens verbunden. Er ist nicht nur Autor, sondern auch Filmemacher und, nach eigener Aussage, vor allem Vater und Fan der Boca Juniors. Bei seinem Anthologietext handelt es sich um einen Auszug aus dem Roman *El velorio de Eva Perón* (San Sebastián: Kutxa, 2000). © Edgardo González Amer 2000

Juan Diego Incardona, geboren 1971 in Buenos Aires, hat bisher mehrere Prosaarbeiten veröffentlicht und koordiniert das Literaturprogramm der Fundación Madres de Plaza de Mayo, einer Stiftung, die von den Müttern der Opfer der Militärdiktatur gegründet wurde. Die Erzählung »Angriff auf Villa Celina« ist dem Band *Villa Celina* (Buenos Aires: Norma, 2008) entnommen. © Grupo Editorial Norma, Buenos Aires 2008

Ariel Magnus wurde 1975 in Buenos Aires geboren und lebte mehrere Jahre in Deutschland, bevor er 2005 nach Argentinien zurückgekehrt ist. Bisher hat er drei Romane veröffentlicht, darunter *Un chino en bicicleta* (Buenos Aires: Norma, 2007), der mit dem *Premio La otra orilla* ausgezeichnet worden ist und aus dem der in dieser Anthologie berücksichtigte Auszug stammt; der Roman erscheint auf Deutsch bei Kiepenheuer & Witsch. © Kiepenheuer & Witsch, Köln 2010

Pedro Mairal, geboren 1970 in Buenos Aires, hat auf Deutsch bereits seinen Roman *Eine Nacht mit Sabrina Love* (München: Knaur, 2002) veröffentlicht und daneben weitere Romane und Erzählungen verfasst, die auf Deutsch noch nicht vorliegen. Sein Anthologiebeitrag »Heute Früh« ist die Titelerzählung aus dem Erzählband *Hoy temprano* (Buenos Aires: Clarín Aguilar, 2001). © Pedro Mairal 2001

Andi Nachon, Jahrgang 1970, hat sich vor allem als Lyrikerin mit einer ganzen Reihe von Publikationen einen Namen gemacht. Daneben schreibt sie aber auch Prosa, wie ihr Originalbeitrag für diese Anthologie aus dem noch unveröffentlichten Manuskript *A los quince ya me decían señora* zeigt. © Andi Nachon 2009

Romina Paula, 1979 in Buenos Aires geboren, ist Schauspielerin und Theaterregisseurin und hat in Argentinien bereits eigene Stücke inszenieren können. 2005 erschien Paulas erster Roman *¿Vos me querés a mi?*. Bei »Siesta« handelt es sich hingegen um einen bisher unveröffentlichten Originalbeitrag für diese Anthologie. © Romina Paula 2009

Cecilia Pavón wurde 1973 in Mendoza geboren und lebt heute in Buenos Aires. Sie ist Autorin, Journalistin und Übersetzerin aus dem Deutschen, Englischen und Portugiesischen und hat u. a. Texte von Diedrich Diederichsen und Monika Rinck ins Spanische übertragen. Ihr Beitrag zu dieser Anthologie erschien in *Historias de mujeres infieles* (hg. v. Santiago Llach und Natalia Moret, Buenos Aires: Emecé, 2008). © Cecilia Pavón 2008

Lucía Puenzo wurde 1976 in Buenos Aires geboren. Ihr Debüt als Filmregisseurin gab sie 2007 mit *XXY*, der beim Festival in Cannes mit dem Großen Preis der Jury ausgezeichnet wurde. 2009 wurde ihr zweiter Film *El niño pez* auf der Berlinale uraufgeführt, der auf ihrem gleichnamigen Debütroman von 2004 basiert (dt. *Das Fischkind*, Berlin: Wagenbach, 2009). Bei ihrem Beitrag zu dieser Anthologie handelt es sich um ein Kapitel aus ihrem noch unveröffentlichten Roman *La furia de la langosta*. © Lucía Puenzo 2009

Zur Herausgeberin/zum Herausgeber

Timo Berger, geboren 1974 in Stuttgart, und **Rike Bolte**, geboren 1971 in Kassel, leiten seit 2006 gemeinsam das mobile Poesiefestival *latinale*. Beide haben mehrere Autoren aus dem Spanischen und Portugiesischen ins Deutsche übersetzt: u.a. Edgardo Cozarinsky und Fabián Casas (Timo Berger) sowie Lucía Puenzo und Eduardo Sguiglia (Rike Bolte).

Argentinien bei Wagenbach

Juan José Saer   Die Gelegenheit

Als ihn Pariser Wissenschaftler öffentlich bloßstellen, macht sich der mit telepathischen Fähigkeiten begabte Ex-Spion und Löffelbieger Bianco 1855 auf nach Argentinien, um dort in der Pampa ein neues Leben als Viehhändler zu beginnen. Bald heiratet er die mehr sinnliche als übersinnliche Gina. Das Leben in der Neuen Welt scheint eine einzige Verheißung – wäre da nur nicht diese rasende Eifersucht, Biancos dumpfer Verdacht, Gina könnte ihn betrügen …

Aus dem argentinischen Spanisch von Erich Hackl
WAT 638. 208 Seiten

Edgardo Cozarinsky
Man nennt mich flatterhaft und was weiß ich …

Roman

Der alte Samuel Warschauer, früher einmal Bandoneonspieler, stirbt, bevor er dem angehenden Journalisten Fragen zum jiddischen Theater in Argentinien beantworten kann. Aber er hinterlässt ihm einen Schuhkarton, der die Neugier und Phantasie des jungen Mannes beflügelt.

Aus dem argentinischen Spanisch von Sabine Giersberg
WAT 637. 144 Seiten

César Aira
Die nächtliche Erleuchtung des Staatsdieners Varamo

Novelle

Varamo, einem Schreiber dritten Ranges, wird im Ministerium von Colón in Panama sein Monatslohn in Falschgeld ausgezahlt. Er kann das Geld nicht ausgeben, weil er sofort verhaftet würde, und widmet sich daher zunächst dem Einbalsamieren von Kleintieren, bevor er in der Stadt einen Kaffee trinken geht. Dort wird er Zeuge eines Autounfalls, trifft eine rätselhafte junge Dame sowie ein paar Verleger, für die er in nur einer Nacht das Versepos *Der Gesang des jungfräulichen Kindes* verfasst.

Aus dem argentinischen Spanisch von Matthias Strobel
WAT 636. 96 Seiten

Ernesto Sabato   Der Tunnel

Roman

Der gefeierte Maler Juan Pablo Castel ist ein Mörder. Im Gefängnis legt er schonungslos dar, wie ihm seine Leidenschaft für die mit einem Blinden verheiratete María zum Verhängnis geworden ist.

Der Tunnel ist *der* existentialistische Roman nicht nur der argentinischen, sondern der gesamten lateinamerikanischen Literatur – Vergleiche mit den großen Werken eines Jean-Paul Sartre, Albert Camus oder auch Max Frisch sind durchaus angebracht.

Aus dem argentinischen Spanisch von Helga Castellanos
WAT 639. 160 Seiten

Ricardo Piglia   Brennender Zaster

Roman

Vier Verbrecher mit engen Verbindungen zu Polizei und Politik rauben einen Geldtransport aus und rasen wild um sich schießend durch Buenos Aires. Sie entkommen über den Río de la Plata nach Montevideo, verschanzen sich dort in einer Wohnung und werden von der Polizei sechzehn Stunden lang belagert. Diese von Radio und Fernsehen übertragene Belagerung steuert unweigerlich auf ihr ungeheuerliches Ende vor den Augen einer fassungslosen Zuschauermenge zu …

Aus dem argentinischen Spanisch von Leopold Federmair
WAT 635. 192 Seiten

Pedro Orgambide   Ein Tango für Gardel

Eine Romanbiographie

Ein Tango für Gardel ist ein biographischer Roman über einen argentinischen Mythos – über den berühmtesten Tangosänger aller Zeiten und einen der ersten Stars des internationalen Musikgeschäfts: Carlos Gardel, der Sekunden vor seinem Tod bei einem Flugzeugabsturz noch einmal die Bilder seines Lebens vorüberziehen sieht.

Aus dem argentinischen Spanisch von Carsten Regling
Mit einem Nachwort von Jorge Aravena Llanca und Photographien
WAT 640. 160 Seiten

Wenn Sie mehr über den Verlag oder seine Bücher wissen möchten, schreiben Sie uns eine Postkarte (mit Anschrift und ggf. E-Mail). Wir verschicken immer im Herbst die *Zwiebel*, unseren Westentaschenalmanach mit Gesamtverzeichnis, Lesetexten aus den neuen Büchern und Photos. *Kostenlos!*
Verlag Klaus Wagenbach   •   Emser Straße 40/41   •   10719 Berlin   •   www.wagenbach.de